Gaby Köster
mit Till Hoheneder

Das Leben ist großartig – von einfach war nie die Rede

Gaby Köster

mit Till Hoheneder

Das Leben ist großartig – von einfach war nie die Rede

ullstein leben

MIX
Papier aus verantwortungsvollen Quellen
FSC® C014496

Ullstein leben ist ein Verlag
der Ullstein Buchverlage GmbH
www.ullstein-leben.de

ISBN: 978-3-96366-066-5

Gesetzt aus Dante und Gotcha
Satz: LVD GmbH, Berlin
Druck und Bindung: GGP Media GmbH, Pößneck
Printed in Germany

Vorspann

Da saßen wir nun auf dem Sofa. Der Herr Sohn und ich, Gaby Köster. Seine Mutter. Ziemlich genau neun Jahre später, nachdem mein drecksdrisseliger Schlaganfall unser chaotisches Leben gehörig durchgerüttelt hatte. Mein Leben, aber auch seins. Mitten in der ohnehin schon schwierigen Pubertät überrollte auch Donald das Schicksal unvorbereitet und ungefragt. Und so klagte mein Kind einmal halb im Spaß, halb im Ernst: »Ich bin dreifach gestraft – ich bin das Scheidungskind einer Promimutter mit Schlaganfall! Kein Wunder, dass ich einen an der Waffel hab!«

Nervös wie Hulle rückten wir noch näher aneinander. Der Magen flau, und jeder von uns beiden vermied es, den anderen anzuschauen. Unsere schwitzenden Hände suchten und fanden sich. Sie drückten sich leicht, aber es kam mir vor, als ob sie das automatisch taten, ohne Befehl von oben. Was nicht weiter verwunderlich ist, denn »oben« hat es ja bei mir mächtig gerappelt. Der verfluchte Schlaganfall hat in meinem Hirn ordentlich gewütet. Ganze Areale wie ein Hurrikan verwüstet. Die Reparaturarbeiten liefen zwar erstaunlich gut, sind aber meines Erachtens eher pragmatisch und rustikal durchgeführt worden. Was dazu geführt hat, dass bestimmte Körperteile mir nach wie vor nicht gehorchen und den Dienst verweigern. Unverschämt, aber was willste machen?

Was genau damals passiert ist, was es mit unserem Leben gemacht und wie wir uns damals gefühlt haben, das wollten Donald und ich noch einmal gemeinsam angucken. Genauer gesagt: den Film *Ein Schnupfen hätte auch gereicht*. Frei nach dem gleichnamigen Buch meines famosen Freundes Till Hoheneder und meiner Wenigkeit, Frau Gabriele Köster. Natürlich waren wir unserer Meinung nach bestens vorbereitet. Donald und ich hatten uns natürlich im Vorfeld schon treuherzig versichert, dass das ja »nur« ein Film sei. Mit der Realität hat das aber mal pihaupt nix zu tun und sowieso! Darum könnte das ja gar nicht so schlimm werden, wenn wir mal 90 Minuten lang eine Geschichte betrachten, die ja nur in Teilen mit der Wahrheit zu tun hat.

Wie sagte doch schon der gute Mark Twain: »Truth is stranger than fiction« – weil die Wahrheit im Gegensatz zur Geschichte nicht verfremdet werden darf, sollte und ist, wie sie ist. Unbarmherziger, verrückter, komischer, unwirklicher. Die Wahrheit ist ein Sackgesicht oder viel schöner, als das eine Geschichte je wiedergeben kann. Warum versuchen die berühmtesten Dichter und Schriftsteller sonst wohl immer wieder, das Phänomen der puren Liebe oder die Schönheit der Natur in Worte zu fassen? Weil diese Wunder in Wahrheit eigentlich unbeschreiblich sind.

Und darum wird uns dieser Film über einen Ausschnitt meines Lebens schon nicht aus der Bahn werfen. Da waren Donald und ich uns völlig einig gewesen. Das wäre ja auch lächerlich, denn wir kennen ja die Wahrheit, Freunde der gemischten Tüte. Dumm nur, dass von unserer Zuversicht nicht viel übrig geblieben war, seit die DVD im Laufwerk surrte. Ich empfand dumpfes Unbehagen. Scheiße, genauer gesagt: Ich hatte Angst, mir ging der Poppes so richtig auf

Grundeis. Egal, dachte ich, das ziehen wir jetzt durch. Ich glaube, Donald hatte auch Schiss. Meine Hand ließ er jedenfalls nicht los.

Die ersten Szenen liefen, und schon beim bloßen Anblick von Anna Schudt, der Schauspielerin, die mich darstellt, bekamen wir einen echten Schock. Unwillkürlich zuckte meine Hand zusammen und meine Ringe schlugen fies auf Donalds Knöchel. Er wollte aus schmerzhaften Gründen loslassen, was ich wiederum nicht gestattete. Verdammte Hacke, diese Frau sah mir so gespenstisch ähnlich, dass mir in Sekundenbruchteilen der Kiefer eine Etage tiefer aufs Parkett knallte. Ihre Art, sich zu bewegen, zu sprechen – ich sah mich selber auf der Mattscheibe! Und war total verwirrt. Erschreckend, weil ich das doch gar nicht sein konnte und irgendwie dann doch war. Schwer zu verdauen, das! Zwar hatte ich die Dreharbeiten besucht und dabei schon erschüttert festgestellt, dass Anna sich praktisch in eine Art »Gaby Köster« morphen konnte … was ich schon ziemlich spooky fand. Aber das war natürlich viel abstrakter, wegen der Kameras und dem ganzen Gedöns am Filmset. Aber auf dem Bildschirm war das Ergebnis frappierend, im 1:1-Erlebnis fast unerträglich.

In diesem Moment vergaß ich völlig, dass Anna Schudt sich während ihrer Besuche bei mir wie ein Schwamm vollgesogen hatte. »Kösterisation« ist das Stichwort, liebe Leute. Sie wollte alles wissen: Wie ich rauche, wie es sich angefühlt hat, das erste Mal nach dem Schlaganfall wieder zu laufen, was in einem vorgeht, wenn man sich bewegen will und der Körper verflucht noch mal den Dienst verweigert – lauter so drisselige Sachen, die man als gesunder Mensch nicht wissen kann. Sie hatte das Buch *Ein Schnupfen hätte auch gereicht* gelesen, *Ritas Welt* geguckt. Telefonierte stundenlang mit Till, meinem Freund und Co-Autor, um möglichst viele Teile für ihr Gaby-Puzzle zu bekommen.

Mein Cousin Gerd, der im Film meinen Papa gespielt hat, erinnerte sich auch mit einem Schauer an die Dreharbeiten: »Als diese Anna-Gaby auf mich zugelaufen kam, bekam ich ein ums andere Mal eine Gänsehaut!« Hörens, liebste Leser, wenn so ein nahes Familienmitglied schon das Schlottern kriegt, könnt ihr euch ja wohl mal vorstellen, wie meinem Sohn und mir dieser Anblick an jenem Abend durchs Gebälk gedonnert ist. Heute kann ich ihr nur sagen: Ich danke dir, liebe Anna Schudt. Das war und ist eben ganz große Schauspielkunst. Sie hat mich verkörpert, aber nicht imitiert. Und genau das hatte sie mir auch versprochen, als wir uns vor den Dreharbeiten kennengelernt hatten. Sie sagte, sie würde sich ihre eigene Auslegung meiner Figur erarbeiten, aber mich auf keinen Fall imitieren. Was mir natürlich nur recht war. So eine überkandidelte Travestieparodie, das hätte mir auch gerade noch gefehlt, Herrschaften. Wir wollten ja schließlich keine Jörg-Knör-Tütensuppe schlürfen, sondern Champagner verköstigen.

Dass die gute Anna für diese grandiose Performance für den international renommierten Emmy-Preis nominiert wurde, ist mehr als nur verdient. Die Frau ist eine Granate, ein Schauspieljuwel. Und dabei auch noch ein feiner Mensch. Sie ist sehr behutsam mit mir und meiner Familie umgegangen. Dafür bin ich überaus dankbar, das hat mich sehr happy gemacht. Ich weiß – weil manche Menschen mich darauf angesprochen haben –, dass einige enttäuscht darüber waren, dass ich mich nicht selber gespielt habe. Das könnt ihr mal schön vergessen, Herrschaften – ich durchleb das alles nicht noch mal. Pustekuchen, mir reicht's.

Aber zurück zu Mutter und Sohn auf dem Sofa: Als der Film schon eine Weile lief, schaute ich verstohlen zu Donald hinüber und sah mit blutendem Mutterherz, dass mein geliebtes Kind Tränen in den Augen hatte. Die ganze Anspannung löste sich und Tränen kullerten über sein abgekämpftes Gesicht. Ich wollte auch weinen, konnte aber nicht. De facto konnte ich schon seit Jahren nicht mehr weinen. Eine lange Nebenwirkung des miesen Schlaganfalls, die sich erst löste, als … aber dazu später, zurück aufs Sofa.

Wir blieben einfach sitzen und sagten erst mal nix. Als die Tränen trockneten, meinte der Sohnemann, dass diese Anna mich aber nun mal sehr echt getroffen hätte. Ich dachte in dem Moment nur, wie spooky es für ein Kind sein muss, dass eine Schauspielerin seine Mutter so frappierend gut spielt, dass die Grenze zwischen Film und Realität so verwischen kann. Monate später, nach der Filmpremiere hat er immer gerne erzählt, dass Anna Schudt mich wirklich sehr gut verkörpert habe – bis auf die Szene, wo sie »laut Drehbuchtexte geübt hätte: Das hätte meine Mutter nie gemacht, dieses *Üben*!« Ha! Recht hat er!

Nachdem Donald irgendwann erschöpft in seinem Zimmer verschwand, blieb ich noch lange alleine im Halbdunkel des Wohnzimmers sitzen. Ich war fix und fertig, geplättet und völlig überfordert. Mir jagten immer noch so viele Gedanken gleichzeitig durch mein ramponiertes Hirn. Ich war total hibbelig und konnte überhaupt nicht pennen. Ich dachte über Donald nach.

Natürlich war mir schon damals klar gewesen, was das arme Kerlchen durchgemacht hat. Aber jetzt traf mich die Erkenntnis über sein Leiden mit der Wucht eines mächtigen Güterzugs. Als alle seine Mitschüler und Freunde ihre Pubertät ausgelebt haben, saß mein Sohn an meinem Krankenbett und betete für mein Leben. Es ist doch so, Freunde des pusteIroten Pubertätspickels: In dieser Zeit lösen sich die Kinder schmerzhaft von der Vorstellung, dass Mama und Papa so 'ne Art Erziehungs-Avenger sind. Stellen fest, dass ihre Eltern auch nicht immer recht haben, Stuss labern und alles andere als perfekt sind. Und dass man auf Dauer nicht mit ihnen unter einem Dach leben sollte, um einen Dachschaden zu vermeiden. In diesem schmerzhaften und wichtigen Prozess gab es für Donald wenige Möglichkeiten, sich normal zu lösen: Seine Eltern waren relativ frisch geschieden und ich, seine Mutter, war todkrank dem Düvel von dr Schöpp jesprunge. Allerdings mit dauerhaftem Dachschaden. Was wiederum dazu führte, dass der bedauernswerte Herr Sohn permanent zwischen Rücksicht, Mitleid und pubertätsbedingter Aggression taumelte. Inklusive heftiger Mutterliebe und starken Gewissensbissen, wenn er mich ab und zu mit verbalen Frechheiten verletzte. Was mir in diesen Stunden wieder eindringlich klar wurde: Was Donald mit mir erlebt hatte, ging über eine normale Mutter-Kind-Beziehung weit hinaus. Ich konnte schon nicht seinen Vater zu Hause ersetzen, aber eine normale Mutter war leider auch nicht für ihn drin.

Der Film hat mir mit neun Jahren Abstand ziemlich heftig vor Augen geführt: Das Leben lief für meine Mutter, meinen Sohn und mich in diesen Jahren einfach erbarmungslos weiter. Die Konsequenzen musste jeder oft alleine schultern. Der Alltag lässt wenig Zeit für persönliche Befindlichkeiten, und am Anfang war ich noch viel zu sehr mit mir selbst beschäftigt. Meine neue Rolle zu finden, meinen neuen Körper und sein Handicap zu akzeptieren. Den Film gemeinsam angeschaut zu haben hat aber vor allem Donald endlich mal die Möglichkeit gegeben, mir ohne Vorwürfe klarzumachen, was er damals durchgemacht hat. Ich konnte fragen: »War das wirklich so für dich?« Und er konnte antworten ohne anzuklagen. Deswegen muss ich meinem Sohn ein ganz großes Kompliment aussprechen: Du warst und bist ein kluger, mutiger Junge. Ich liebe dich sehr und danke dir für deine Kraft und Geduld. Deine Fehler sind meine Fehler.

Es ist für mich also nicht verwunderlich, wenngleich auch schmerzhaft, dass Donald das Haus verlässt. Richtung Argentinien. 11 443 Kilometer Abstand dürften ausreichen, um ein paar heftige Pubertätsanfälle und wichtige Ablösungsprozesse ungehindert nachzuholen. Er selber meinte dazu nur trocken wie Löschpapier: »Mama, stell dich nicht so an. Wenn du mich sehen willst, ist das doch ganz einfach! Du setzt dich in Köln in den Flieger und 17 Stunden später hole ich dich am Flughafen ab – wo ist das Problem?«

Das hörte sich tröstlich an, ich weiß aber nicht, ob mir das reicht in der Stunde des Abschieds. Wir werden sehen. Am Ende hat der Film uns allen wieder dringlich klargemacht, dass nur Hoffnung, Mut, Liebe und der feste Wille, es gemeinsam zu schaffen, unserer kleinen Familie geholfen haben, durch den Sturm zu kommen. Und so wird es bleiben, Kinders. Das ist meine Erkenntnis aus dem Film, die Essenz aus zehn Jahren danach: »Wie schön, dass ich das noch lebendig sehen darf. Wenn ich tot gewesen wäre, hätte ich das doch alles nicht mitgekriegt!«

»Was ich toll an meiner Mutter finde? Ihren Humor natürlich und ihre Liebe zur Kunst. Ständig sucht sie nach neuem Input, wenn sie mal wieder etwas entdeckt hat, was ihr gefällt und sie dann selber ausprobieren möchte. Grandios war auch, wie sie vor Jahren sich in den Kopf gesetzt hatte, die ganze Familie mit selbst gestrickten Mützen zu versorgen, was natürlich mit dem linken Arm erst mal Utopie blieb. Dann hat sie so lange das Internet nach Strickmaschinen durchforstet und die abstrusesten Strickliesel-Objekte gekauft, bis sie endlich ein Teil gefunden hat, mit dem sie ihren Plan umsetzen konnte. Seitdem friert keiner mehr am Kopf! Das finde ich grandios, diesen unbedingten Willen und diese nach wie vor ungebremste, kreative Energie.«

Donald Köster, Gabys Sohn

Abschied vom Kind

Ich glaube, dass eine Liebe zwischen zwei Menschen erst richtig schön ist, wenn man zusammen lachen kann. Ein Leben ohne Lachen ist für mich komplett sinnlos. Wenn eine Mutter ihr Kind anlacht, dann ist das Seelennahrung. Lachen ist Leben – und von meinem Lachen haben glücklicherweise viele gelebt. Auch mein liebes Kind, mein Donald. Aber ohne Tränen geht es im richtigen Leben leider auch nicht. Freude ohne Trauer macht keinen Sinn, Yin ohne Yang, Licht ohne Schatten – ihr versteht mich, oder? Dumm nur, wenn man seit Jahren nicht mehr geweint hat und das geliebte Kind in die weite Welt hinauszieht …

Schon lange Jahre spukte dieser Gedanke in Donalds Kopf herum. Praktisch seitdem das Kind dem Tango verfallen war. Natürlich dem Tango, is ja klar. Hörens, liebe Menschen: Es mag sein, dass es für viele auch ein bisschen Aerobic oder rhythmische Sportgymnastik getan hätte. Oder ein pubertätspickelnder Tanzkursus für Discofox-Freunde. Aber nicht für einen wahren Köster! Warum einfach, wenn es auch kompliziert geht? Der Junge hat sein gutes Herz selbstverständlich an die Königsklasse aller Tänze verloren: den argentinischen Tango!

Als er mir das vor Jahren irgendwann einmal mitgeteilt

hat, war ich selbstverständlich total begeistert. Kleiner hatte es der Herr Donald natürlich nicht! Argentinischer Tango. Sinnbild für heißblütige Leidenschaft, knisternde Erotik und anmutige Tänzer mit schmachtenden Blicken. Oder wie es der berühmte Dichter George Bernard Shaw leicht subtil ausgedrückt hat: »Tango ist der vertikale Ausdruck eines horizontalen Verlangens.« Zu diesem Verlangen kann ich natürlich wenig sagen, das muss der Junge mit sich und seiner jeweiligen Tanzpartnerin selber ausmachen. Aber sein Verlangen, den argentinischen Tango zu lernen, kochte von Anfang an auf großer Flamme und ließ seitdem auch nicht mehr nach.

Donald besuchte in den letzten Jahren ungezählte Tango-Workshops, *Milonga*-Abende, sogenannte Tanzveranstaltungen, und schloss sich dem *Don Tango Club Köln* an. Ich fand das natürlich gut, warum sollte eine Mutter das auch nicht gut finden? Das Kind hatte gute Noten in der Schule, in seiner Freizeit lungerte er nicht qualmend und Bier süppelnd in irgendeiner dusseligen Disse ab, sondern ging ordentlich tanzen mit seinen Tango-Freunden. Ich konnte ja nicht ahnen, dass den Herrn Sohnemann die argentinische Welt des Don Tango Clubs so faszinierte, dass sich in seinem Herz der Wunsch manifestierte, das Ursprungsland des Tangos zu bereisen. Seine Tango-Lehrer im Club hatten seine Leidenschaft komplett entfacht. Das waren richtig tolle Typen, der Laden war keine Abzocker-Tangohütte, sondern »The Real Deal«. Die Gründerin des Don Tango Clubs, Norma Raimondi, ist sogar neulich in Buenos Aires für ihre unermüdliche Arbeit für den Kulturaustausch zwischen Deutschland und Argentinien ausgezeichnet worden. Es war also nur mehr als logisch, dass mein Donald es von einem gewissen Zeitpunkt an ganz genau wissen wollte: »Ich muss dahin,

Mama. Ich muss nach Argentinien. Nur für ein bis zwei Jahre, versprochen. Richtig dort leben, und zwar eben *richtig*!« Ich verstand: Es ging ihm ums große Ganze! »Don't cry for me Argentina«, Buenos Aires – einmal mit eigenen Füßen auf den Spuren von Astor Piazzolla und dem Sound seines Bandoneons wandeln. Einmal dieselbe Luft atmen wie Juan Carlos Copes und María Nieves, die weltberühmten Tangotänzer!

Und wie das so ist, wenn die Teenies den Eltern derartige Wünsche vortragen: Da nickt man freudig und sagt Sachen wie »selbstverständlich, mein Junge« oder »das ist ja eine tolle Idee, das mach auch mal«! Gleichzeitig fragt man sich, wann diese wirre Idee von der nächsten ähnlich leidenschaftlich vorgetragenen abgelöst wird. Das kann sich nämlich genauso ändern wie meine Haarfarbe, dachte ich beim ersten Mal – behielt aber diesen Gedanken für mich. Es gibt nix Schlimmeres als Eltern, die ihren Kindern andauernd die Träume miesmachen mit so unromantischem Gedrisse wie »mal sehen, ob du das in zwei Monaten immer noch gut findest« oder »wie willste das denn bezahlen, Kind?«.

Doch die Jahre vergingen, und die Tango-Leidenschaft blieb. In der Schule lernte der Junge noch zusätzlich Spanisch, und nach dem Abitur begann er relativ zügig ein Physikstudium, was er allerdings genauso zügig wieder hingeschmissen hat. Was mich pihaupt nicht wundert, dieses Studium mit seinen toten Formeln tat ihm nicht gut. Darum war ich sehr begeistert, als Monsieur mir eröffnete, dass er stattdessen lieber eine Ausbildung als Elektriker machen würde. Großartig, dachte ich, wo doch immer mal im Haus was kaputtgeht: ein Lichtschalter, Glühbirnen oder weiß der Kuckuck was. Spaß beiseite, ich habe großen Respekt vor diesem Beruf und dachte mir nur: Liebes Kind, werd bitte ein sehr guter

Elektriker, mit Strom ist nicht zu spaßen. Auf der anderen Seite – als Komikerin hat man natürlich gleich die ganzen Elektriker-Witze im Kopf: Vorsicht vor Elektrikern, Mädels – die haben 'nen Kurzen! – Elektriker stehen morgens mit Spannung auf und gehen mit Widerstand zur Arbeit ... jaja, ist geschenkt.

Was noch gut war an dieser Lehre: Donald blieb zu Hause wohnen und konnte eine Menge Geld sparen, was angesichts der wahnsinnigen Mietpreise in Köln eine kluge Entscheidung war. Zumal er ja nach der Ausbildung endlich nach Argentinien wollte und ich ihm klargemacht hatte, dass ich ihm wohl kaum den ganzen Spaß finanzieren würde. Ja, Pustekuchen – nix da, »die reiche Promimutti hat ja den Keller voll Geld und bezahlt den janzen Driss mit links!«. Von wegen, Freunde des selbst geklöppelten Euros. Das hat das Kind sich alles mühsam selber zusammengespart in der Lehrzeit. Ist früh aufgestanden, hat hart malocht und brav gespart. Ich sage nur 6:30 Uhr Arbeitsbeginn – das ist für Nachteulen wie Donald und mich praktisch mitten in der Nacht. Oder wie mein Freund Till immer sagt: »... ich wusste gar nicht, dass die Welt so früh am Morgen schon aufhat!«

Irgendwann neigte sich die Ausbildung dem Ende zu. Argentinien war immer noch Thema, kein Kurzschluss hatte diesen Wunsch aus seinem tangoverstrahlten Hirn verdrängt. Also buchten wir eines schönen Tages den Hinflug, One-Way natürlich. Da musste ich schon hart schlucken. Die Sache wurde ernst. Verflixt, die ganzen Jahre redet man darüber und erzählt es allen – aber es ist ja nicht schlimm, es tut ja nicht weh, es ist ja nur ein Plan, nix Konkretes. Aber in dem Moment, wo dieser Plan in die Realität umgesetzt wird – und sei es nur durch diesen banalen, ersten Schritt des Flugbuchens –, realisierte ich, dass die Lawine »Argentinien« sich vom Gletscher gelöst hatte und unerbittlich auf mich zurollte. Noch war sie weit genug weg, aber eins war mir sofort klar: Sie würde schneller unten sein, als mir lieb war.

Also versuchte ich sofort, Maßnahmen gegen meine sich lösenden Gefühle zu ergreifen. Und ich ging hart mit mir ins Gericht: Stopp, Gabriele! Du wirst auf keinen Fall so beschissen selbstmitleidig sein! Denn wenn du nur rumjammerst, wie soll Donald dann mit ruhigem Gewissen gehen können? Du musst ihn vor solchen zwiespältigen Gefühlen schützen – der Junge redet doch seit Jahren von diesem Trip und freut sich wie Bolle auf die große, weite Welt ... die Nummer darfst du ihm auf keinen Fall versauen! Dein drisseliger Drecksschlaganfall war schlimm genug für das Kind, auch wenn du nix dafür konntest. Wann und wie soll der Junge sich denn sonst von seiner Mama lösen? Was sagte Goethe schon? Röchtich! Zwei Dinge sollten Kinder von ihren Eltern bekommen: Wurzeln und Flügel. Also wirst du Donald hier nicht im Garten einbetonieren, sondern schön mithelfen, das Kind ordentlich aus dem Adlerhorst zu schubsen! Verstanden, Frau Köster?

Ja, ich hatte verstanden. Allerdings nur hirnmäßig. Mein Mutterherz hatte die Unterzeichnung dieser von mir selbst aufgesetzten, pädagogisch wertvollen und rationalen Selbstständigkeitserklärung meines Sohnes verweigert. Und es fing an, fürchterlich wehzutun, je näher der Tag der Abreise kam. Ich unternahm kleine Gegenmaßnahmen. Homöopathische Maßnahmen, ich versuchte quasi, das schleichende Gift des Abschiedsschmerzes mit gleichen Mitteln zu bekämpfen: Ich buchte Donald einen Tango-Workshop vor Ort, damit er sich auf etwas freuen konnte in seiner neuen

Wahlheimat. Gleichzeitig jedoch versuchte ich, noch möglichst viel mit ihm zu unternehmen in den letzten Wochen vor seiner Abreise. Was allerdings mehr oder weniger klappte, da der Junge natürlich noch ziemlich viel zu regeln hatte. Und ich versuchte ihn so oft es ging zu umarmen, ihn zu fühlen, zu drücken und zu spüren. Als ob ich einen Kuschel-Vorratsspeicher anlegen wollte, von dem ich zehren konnte, wenn er weg war. Schließlich ist Buenos Aires nicht gerade um die Ecke, da kann ich nicht mal eben auf ein Käffchen hinfahren. Verdammt.

Immer wieder und immer wieder habe ich mir selbst gut zugeredet: »Gaby, egal, was passiert, du reißt dich zusammen!« Obwohl ich dieses dämliche Wort »zusammenreißen« so schrecklich finde. Ich finde, es klingt so negativ und so destruktiv. Reißen! Wie soll man sich zusammenreißen? Wie ein Blatt Papier? Ein Mensch mit seinen Gefühlen ist doch kein Verpackungsmüll, den man in den Mülleimer schreddert, das ist doch Tinnef! Ganz furchtbar, das. Also bin ich umgeschwenkt auf »tapfer«. »Sei tapfer, Gabriele Wilhelmine Köster«, sagte ich mir. Denn so viel war mir klar – der Junge hatte genug mit sich selbst zu tun, da brauchte er nicht noch seine greinende Mutter und eine Oma, die meistens nur »du leeven Jott, du leeven Jott, dä ärme Jung« vor sich hin murmelte. Was wiederum verständlich ist für eine 78-jährige Dame, die mit dieser Familie nun schon wahrlich genug Wahnsinn erlebt hat.

Alles in allem hatte ich mich also ganz gut im Griff. Und in einer Sache fühlte ich mich ja sowieso sehr sicher: Da ich seit dem drecksdrisseligen Schlaganfall nicht mehr weinen konnte, würde ich wenigstens nicht beim Abschied Rotz und Wasser heulend den Flur fluten und eine Tränenorgie aller Beteiligten auslösen. Das würde das Abschiedszeremoniell für alle erleichtern, so viel war klar – dachte ich jedenfalls. Donald war zwar recht umtriebig und erledigte viele Dinge, als aber eine Woche vor Abflug meiner Meinung nach immer noch nicht richtig Zug in die Reisevorbereitungen kam, fragte ich vorsichtig mal bei Herrn Sohnemann nach: »Möchtest du nicht mal langsam mit dem Packen anfangen? Du fährst ja nicht zwei Wochen nach Ibiza, sondern eventuell zwei *Jahre* nach Argentinien? Das wird ja eher eine längere Reise?« Aber Monsieur hatte die Ruhe weg. Unerschütterlich wie ein Pils in der Brandung.

Am Freitag, dem 12.10., war Abreisetag. Am Donnerstag fing er dann doch gnädigerweise mal an, in die Hufe zu kommen. Zwei große Koffer, Computertasche und der große Rucksack als Handgepäck wurden mit Hingabe so lange hin und her und umgepackt, bis der ganze Spuk dann pünktlich am Freitagmorgen vollendet war, sehr sportlich, das! Immerhin sollte er ja mittags das Haus verlassen … Richtung Kölner Hauptbahnhof, dann mit dem Zug nach Frankfurt und über Madrid nach Buenos Aires fliegen. Zuerst musste er aber mit dem Zug und seinen circa 30 Kilogramm Übergepäck zum Frankfurter Flughafen, aber ausgerechnet an diesem Tag brannte es irgendwo auf der Zugstrecke und viele Verbindungen wurden dementsprechend gestrichen. Die Autobahn war demzufolge auch dicht. Ich war fix und fertig und dachte nur: Das kann doch nun wirklich nicht wahr sein, das Kind freut sich seit Jahren auf diese Reise, und jetzt passiert so was!? Aber irgendwie haben wir am Rande des Nervenzusammenbruchs Ruhe bewahrt und noch eine Alternativfahrverbindung gefunden. Unser lieber Freund Sven packte also die Koffer in den Kofferraum seines Autos, um Donald zum Bahnhof zu bringen. Ich hatte von vornherein erklärt, dass ich nicht mitkommen würde, da das alles nur noch schlimmer machen würde mit dem großen Abschiedszinnober!

Alles steuerte also erbarmungslos auf den Abschied zu, und alle hielten sich ganz prima. Und dann war es letztendlich eine fast hilflose, kindliche und banale Frage, die mich zerlegte: »Und was ist jetzt mit Weihnachten?« Dieser Blick, diese leichte Verzweiflung. Das Flackern in seinen Augen.

Ich versuchte, noch flapsig abzubiegen: »Weihnachten ist wie immer am 24.12., bei dir dann wahrscheinlich bei 30 Grad, Junge!« Natürlich, ein flotter Spruch geht ja bei mir immer. Aber als er dann anfing, mich fest zu drücken und zu weinen, da passierte das verdammte Wunder. Ich fing auch an zu weinen. Tränen, die zehn Jahre nicht geflossen waren, strömten aus mir heraus – dankbar, endlich gelöst und erlöst zu sein. Die Mum fing auch noch an zu weinen. Und so stand diese kleine tapfere Familie im Flur, umarmte sich liebevoll und weinte. Sogar die Hunde waren ganz still.

Was für eine verrückte Welt. Da heult man zehn Jahre nicht, fragt sich tausendmal »warum?« und verzweifelt fast – ich konnte ja nicht ahnen, dass ich mir das alles aufgespart habe für meinen geliebten Sohn. Der Abschied vom Kind, das war selbst für mich nicht mehr wegzustecken. Alles hatte ich in den letzten zehn Jahren ertragen, ohne zu weinen oder zu verzweifeln. Ich habe dem drecksdrisseligen Schlaganfall die Stirn geboten und mich positiv ins Leben gestürzt. Habe meinen Humor nicht aufgegeben. Und nicht nur für mich, auch für Donald waren das harte Jahre. Aber wir haben es geschafft, alle zusammen. Und wenn er jetzt in die große Welt zieht, dann ist die Mutter in mir traurig, klar. Gleichzeitig bin ich jedoch überglücklich, dass Donald trotz aller Widrigkeiten so ein feiner Kerl geworden ist, auf den ich wahnsinnig stolz bin. Und dem ich für immer dankbar sein werde, dass er mir meine Tränen zurückgeschenkt hat. Auch dafür werde ich dich immer lieben, mein Kind.

Die ganze Nacht habe ich seinen Flug am Computer mit *Flightradar* verfolgt. Zwischendurch, als es stundenlang über den Ozean ging, habe ich mich ins Bett gelegt. Aber als die Maschine dann morgens über den Laptop-Monitor von Uruguay nach Buenos Aires wanderte und irgendwann gelandet ist, war ich wieder hellwach und dabei. Lieberweise meldete sich Donald gleich nach der Landung. Er war etwas verwundert, dass ich so viele Details über die Flugroute wusste.

Tja, mein Junge. Deine Mutter ist eben eine hochmoderne Frau, die mit den heutigen technischen Möglichkeiten bestens vertraut ist – auch wenn du das manchmal kaum glauben kannst. Ich liebe mein olles Handy und was es alles immer noch kann.

Nach dem Telefonat war ich überglücklich, dass der Junge nun in seinem Traumland war und sich endlich in sein hochverdientes Tango-Abenteuer stürzen konnte. Auch die Tränen der Mum trockneten, und sie war froh, dass ihr Enkel gesund über den großen Teich gekommen war. Ein Familienmitglied war allerdings etwas länger traurig: Urlaub, einer unserer Hunde. Er war immer Donalds Liebling und die beiden haben eine ganz starke Bindung zueinander. Gott sei Dank hatte Donald mir ein gebrauchtes Schlafshirt dagelassen. Und genau auf dieses Shirt bettet dieser große Labrador seitdem jeden Abend seinen Kopf, wenn er sich zum Schlafen auf seine Decke legt. Zum Heulen schön, das!

Ich habe durch Donalds Abschied auch wieder etwas dazugelernt. Oder besser gesagt – es lag auf einmal sozusagen auf Wiedervorlage: Solange man Träume noch leben kann, lohnt es sich, die Hoffnung, das Positive und den Glauben an die schönen Dinge des Lebens nicht aufzugeben. Und ich bin überglücklich, dass ich endlich wieder weinen kann. Ich hatte sie wirklich vermisst, meine Tränen. Jetzt weiß ich wieder, dass diese winzigen Perlen der Freude und Trauer das Salz in der Suppe unseres Lebens sind.

»Was ich an Gaby Köster bewundere, das ist ihr innerer Maulesel, der sie antreibt, immer weiterzumachen, weiterzuleben, egal, was kommt. Ich denke, das ist ihr größtes Pfund. Dass Gaby überhaupt nach dem Schlaganfall so unglaublich weit gekommen ist, ohne aufzugeben – wie selten ist so etwas, diese Frau lässt nicht locker. Sie hat sich entschieden weiterzuleben, weil sie noch nicht fertig war mit dem Leben. Ich bin Gaby so dankbar, dass sie mir erlaubt hat, die Film-Gaby in Anlehnung an ihre Person zu spielen: All ihre Gefühle, ihre Schmerzen, ihre Verletzlichkeit habe ich mit größtmöglichem Respekt versucht, nachzufühlen und zu interpretieren. Am meisten habe ich mich davor gefürchtet, sie in irgendeiner Form mit dem Film oder meiner Darstellung zu verletzen, und ich bin sehr froh, dass das offensichtlich nicht der Fall war. Mein Leitspruch war: Tue dein Bestes und tu es in Liebe. Dem bin ich gefolgt und ich denke, das ist für Gaby spürbar gewesen.«

Anna Schudt, Schauspielerin

New York, New York

Wir Deutschen haben – was den Umgang mit Unterhaltung angeht – echt schwer einen an der Waffel. Filme, Serien, Musik und was weiß ich nicht noch alles wird fein säuberlich in Kategorien eingeteilt: in leichte Unterhaltung, Neuer Deutscher Film, Arthouse, E-Musik, U-Musik, Privatfernsehen und öffentlich-rechtliches Fernsehen … die Liste lässt sich beliebig fortsetzen. Und das weiß ich ja noch aus meiner Zeit: Obwohl die »Sitcom«-Serie »Ritas Welt« ohne Apostroph geschrieben wurde und einen Adolf-Grimme-Preis in der Kategorie »Unterhaltung« bekommen hat, wurden nie die Kritikerstimmen leiser, die »Rita« als Klamauk-»Sitcom« auf RTL abkanzelten. Frei nach dem alten Kultursnobmotto »RTL = Rammeln, Töten, Lallen«. Lachen unter Niveau im Unterschichtenfernsehen. Es mag ja sein, dass die privaten Fernsehsender viel dazu beigetragen haben, ihrem Image als barrierefreies TV zu entsprechen, deswegen waren und sind aber längst nicht alle Sendungen, Serien oder Filme gleich Schrott, meine lieben Menschen! Das war mit ein Grund, warum der Produzent des Films zu meinem gleichnamigen Buch *Ein Schnupfen hätte auch gereicht* etwas mehr als nur angesickt über die Tatsache war, dass die gängigen Film- und Fernsehpreis-Institutionen unserem Film nur wenig Beachtung schenkten. War ja nur ’n RTL-Filmchen. Also dachte sich unser guter Produzent Michael Souvignier in seinem Brass. Dann melde ich den Film eben beim weltberühmten International Emmy Award in den USA an! Und was passierte? Die Sensation pihaubt, liebe Freunde des gepflegten Wahnsinns: Anna Schudt, die Hauptdarstellerin, wurde für ihre Darstellung meiner Person für ebendiesen Emmy nominiert! Hammer, oder? Hörens, wenn mir das einer prophezeit hätte, den hätte ich höchstpersönlich in die Psychoambulanz gefahren! Für pikloppt erklären lassen, aber mit Datum und Unterschrift. Aber dem Ami war's eben egal, der kennt den alten Herrn RTL ja gar nicht persönlich und hat keine Animositäten dem deutschen Privatfernsehen gegenüber. Die haben den Film gesehen und sich gedacht: Was die Anna Schudt da spielt, das ist ja wohl der reine Wahnsinn! Die nominieren wir jetzt mal für unseren schönen Preis, jawoll! Sehr gut.

Ihr lieben Menschen, das war natürlich für uns die Sensation: Nominiert für den legendären Emmy! Austragungsort New York! Hurra! Wir waren alle komplett aus dem Häuschen, logisch. Anna und ich schrieben uns im ersten Überschwang der Gefühle völlig aufgeregt hin und her, eine SMS jagte die nächste! Jonas, die Agentur … Till, mein Freund und Co-Autor – alle waren komplett am Durchticken vor Freude und konnten es nicht fassen. Was für eine Ehre für die fantastische Anna! Und das völlig zu Recht. Ich habe es ja schon erwähnt, aber ich kann es gar nicht oft genug sagen: Anna hat sich sehr gewissenhaft und akribisch auf die Rolle vorbereitet. Sensationell fand ich ihre Haltung zu der Rolle: »Gaby, ich möchte dich nicht imitieren, ich möchte dich glaubhaft darstellen!« Das hat mir gefallen, das fand ich eine großartige Aussage. Und genau der richtige Ansatz, sich der Aufgabe zu nähern, denn ich war ja sozusagen noch quietschlebendig und höchstselbst vorhanden. Klare Sache: Wäre ich schon tot gewesen, dann hätte es die gute Frau Schudt sicher um ein Vielfaches einfacher gehabt.

Jedenfalls hat Anna alles und die berühmte Extraportion »mehr« gegeben, und darum war das Ergebnis ja auch so verblüffend auf dem Fernsehschirm zu bewundern! Jeder, egal ob Freund, Feind oder vor allem auch meine Familie – alle waren total von den Socken über Annas treffsichere, respektvolle Darstellung meiner kapriziösen Person und Persönlichkeit. Das war physisch und psychisch tadellos und von großem Einfühlungsvermögen gekennzeichnet. Und zwar so, dass ich nach den ersten Eindrücken am Filmset sogar ein bisschen Angst davor hatte, den Film zu sehen. Unser Redakteur sagte vorher noch eindringlich zu mir: »Gaby, bitte – schau dir den Film um Himmels willen nicht alleine an!

Da ahnte ich sowieso schon, was auf mich zukommen würde. Und ich war auch nicht besonders erpicht darauf, noch mal deutlich gemacht zu bekommen, was mir alles noch fehlt. Wieder durch die Hölle zu gehen. Abermals den nur leicht schlafenden Monstern zu begegnen. Wo doch halbwegs Gras über diesen drecksdrisseligen Schlaganfall gewachsen war. Aber – machste nix. Da musste ich wohl oder übel doch durch. Und was soll ich sagen – es hat sich ja auch gelohnt, dank Anna Schudt.

Die Premiere des Films haben wir natürlich mit Freunden und Familie in einem Kölner Kino gesehen, das kam auf der Riesenleinwand aber noch mal überwältigender als auf dem Fernseher zu Hause. Im Ernst, Kinders! Anna im Rollstuhl sitzen zu sehen ging mir durch Mark und Bein, das war furchtbar! Ich hatte und habe immer noch das Gefühl, sie ist mit mir zeitversetzt durch die Hölle gegangen! Ab da wurde mir klar, dass ein neues Buch hermusste. Dass ich die Dinge, die mir in den letzten Jahren passiert waren, neu sortieren und aufschreiben musste. 2011, als das »Schnupfen-Buch« herauskam, da war ich doch ganz anders drauf als jetzt. Da hatte ich gerade den Entschluss getroffen, mich zurück ins Leben zu schmeißen und es mir so gut es geht, Stück für Stück zurückzuerobern. Und wie oft habe ich seitdem die Fragen beantwortet, die alle Leute am meisten interessiert, wenn sie mir begegnen: »Frau Köster, wie geht es Ihnen denn so? Wie machen Sie das eigentlich, dass Sie Ihren Mut und Optimismus nicht verlieren?«

Da komme ich später noch drauf zurück. Mein Gott, wie viel Zeit schon seit damals den Rhein runtergesegelt ist …!

Aber eigentlich wollte ich vorher ja noch etwas anderes erzählen, entschuldigt bitte, ihr Lieben. Typisch Gaby, chaotisch wie immer. Wo war ich stehen geblieben? Richtig, Emmy-Verleihung in New York City – weil Anna ja nominiert war für die beste schauspielerische Leistung, der absolute Hammer. Plötzlich ging es darum, dass ich eventuell mit Anna und den anderen nach New York reisen sollte! Double trouble, double shot, praktisch die doppelte Portion »Gaby« für den Big Apple. Einmal in echt und einmal ihre fantastische Verkörperung. Eine Schnapsidee, die mir natürlich sofort gefallen hat. Totaler Wahnsinn, denn ich war vor 22 Jahren das letzte Mal da gewesen und wie eine Irre durch diese wahnsinnige Riesenstadt gelaufen. Allerdings auf meinen eigenen zwei Beinen und nicht auf zwei Rolli-Reifen. Aber egal, es kam keine Wehmut über diesen Zustand auf, im Gegenteil: Ich war wie elektrisiert von der Idee, dass ich mit dem Rolli in Übersee rumkurven würde. Einzig eines machte mir Sorgen: Dooferweise habe ich ja diese ellenlangen Beine und im Flugzeug knallt der Vordermann immer furchtbar gerne mit der pikloppten Rückenlehne gegen meine zart lädierten Kniescheiben. Horror. Im Flieger sind schon die pieseligen Zwei-Stunden-Flüge nach Ibiza sehr anstrengend für mich, wie würde dann wohl erst die Langstrecke nach New York werden? Aber meine Sorgen diesbezüglich wurden schnell zerstreut, es wurde nämlich nicht am Komfort gespart. Tollerweise durfte ich erstmalig Business Class fliegen, das war natürlich superangenehm für meine langen Kackstelzen, die ich somit schön lecker ausstrecken konnte. Sehr gut auch: Für den Sitz gab es zum Verstellen desselbigen eine Fernbedienung, die ich – das könnt ihr mir glauben – natürlich ausgiebig testen musste. Was ein Genuss, Herrschaften. Dani, meine liebste Tourbegleitung, Assistentin, Maskenbildnerin und Freundin in Personalunion begleitete mich, also ging es im Flieger vernünftigerweise erst mal mit »Mädchensektchen« los, wie sich das für anständige Mädels auf Mädelstour gehört! Gute Laune, beste Begleitung, viel Platz und Zerstreuung – Herz, was willste mehr? Der Hinflug dauerte fast neun Stunden, verging aber dem geflügelten Wort und den ganzen Annehmlichkeiten entsprechend »wie im Flug«!

Die Einreise in die Vereinigten Staaten von Amerika war, wie ich sie in Erinnerung hatte. Immer noch voll sheriffmäßig, man hat das Gefühl, man ist im Boot Camp gelandet: Überall nur strenge Gesichter, kein Wort zu viel, der Ton ist unfreundlich und das Benehmen der Beamten einfach arschig. Ich verstehe nicht, warum man da nicht einfach mal freundlich sein kann? Ich hab natürlich meine lose Köster-Schnute nicht halten können und so einem uniformierten Terminator gleich mal gesagt, dass ich als Gast da bin und auch als Gast behandelt werden möchte, aber das ist denen natürlich leider scheißegal. Warum müssen die einen so anbrüllen? Unverschämt, die Typen. Einer von denen föhnte mich an, ich sollte meine linke Hand auf einen dieser Fingerabdruck-Scanner legen. Ja toll, nur macht meine linke Hand ja leider bis heute nicht, was ich will … also erklärte ich das verzweifelt dem tobenden Boot-Camp-Man, was diesen wiederum nicht interessierte. Dafür brüllte er aber gleich noch lauter, wahrscheinlich dachte er: Oh, die sitzt im Rollstuhl, dann hört die bestimmt nicht gut.

Von wegen! Ich hab's in den Beinen und nicht an den Ohren.

Irgendwann winkte er uns dann doch durch. Ich dachte nur entnervt: Na also, et jeht doch, Herr Brüllheinz! Wahrscheinlich müssen die am Ende immer genau so'n schlechtes Benehmen haben wie ihr Obermacker, der orangefarbene Brüllaffe im Weißen Haus. Das würde es jedenfalls erklären, warum man Menschen, die einen besuchen wollen, so rüde abfertigt.

Der Taxifahrer war natürlich teurer, als er behauptet hatte, als wir endlich gegen 18 Uhr Ortszeit am Hotel ankamen. Dani und ich machten nicht viel Brimborium, sondern zack, einchecken und dann aber nix wie sofort wieder raus, schließlich hatten wir nur drei Tage Zeit. Wir wollten ja auch noch etwas sehen, hallo? Da wir im Flieger schon ein lecker Nickerchen gemacht hatten, waren wir relativ fit und zogen los. Zu unserer Begeisterung lag unser Hotel sehr zentral, so waren Times Square und Broadway zu Fuß beziehungsweise per Rolli sehr gut zu erreichen. Ich genoss es, dass wir uns sofort ins volle Getümmel stürzten, obwohl es sehr voll und laut war – irre viele Menschen um uns hatten wohl die gleiche Idee. Was natürlich in einer Megacity wie New York nicht weiter verwunderlich ist, gerade an diesen berühmten Touristenstationen. Und trotzdem fiel mir auf, dass ich den Straßenlärm nicht mehr so heftig und höllenlaut empfand wie in den 90er-Jahren, als ich das letzte Mal in dieser irren Stadt war. Ich war glücklich, mittendrin in diesem Chaos zu sein. Es gab sehr viel zu gucken, so viele Eindrücke krallten sich in unsere nun doch müde werdenden Augen, und irgendwann war ich dann doch im Overload-Modus. Nix ging mehr, es wurde mir zu viel und es kam mir am Ende doch alles noch so unrealistisch vor. Eben noch in Köln und jetzt mitten in einer komplett anderen Welt, es war doch der Hammer. Schnell noch an irgendeinem Foodtruck 'nen Snack gekauft und dann ging es aber zügig ab ins Bettchen. Wir hatten ja noch ein ziemlich straffes Programm vor uns, und ich kann echt unleidlich werden, wenn ich zu wenig gepennt habe.

Am nächsten Morgen war ich schon um sechs wach und musste erst mal an die »frische Luft«, um zu rauchen. Ging natürlich nur draußen und leider ohne Kaffee! Egal, denn wie das immer so ist – in der Raucherecke trifft man immer tolle Leute, und ich hatte schnell ein paar nette Freaks zum Quatschen gefunden. Anna Schudt, ebenfalls Nikotin-Junkie und im gleichen Hotel, gesellte sich bald zu uns. Tagsüber war ich dann wieder mit Dani unterwegs. Da nach unserer Rückreise der Geburtstag meiner Mutter anstand, war ich natürlich auf der Suche nach einem passenden Geschenk für die Mum. Bei uns um die Ecke vom Hotel gab es einen Urban Outfitters Shop, dort wurde ich fündig. Da die Mum im Winter immer so schnell friert, kaufte ich eine hyperkuschelige Fleecejacke, von deren warmem Anblick selbst ein Eisbär ins Schwitzen gekommen wäre. (Ein voller Erfolg, die Mum verbrachte den ganzen Winter in der Jacke, die inzwischen den Spitznamen Schneebällchen bekommen hat.) Außerdem waren wir noch bei Walgreens, und ich habe mir zehn Collegemappen gekauft. Ich liebe diese Teile. Ich war einfach nur superhappy, schaute hier, guckte da und ließ den ganzen Bling und Glitzerkonsum auf mich einprasseln. Wenn er eins kann, der Ami, dann isses, den Konsum in seiner ganzen Pracht und Verschwendung zu präsentieren, dass dir schwindelig wird. Braucht man natürlich nicht immer, ist selbstverständlich auch eine fragwürdige Kernkompetenz, aber ab und zu, vor allem in New York, macht es auch röchtich Spaß, den ganzen Wahnsinn zu genießen. Herrlich. Dani ließ sich auch bereitwillig verführen und kaufte noch ein paar lustige Christmas-Gimmicks. Irgendwann landeten wir wieder im Hotel. In dieser 4-Sterne-Bude gab es zu meiner großen Freude ein Restaurant, in dem man auch noch etwas später frühstücken konnte. Und noch viel besser: Das hieß auch noch »Gaby«! Wir haben uns natürlich nicht mehr eingekriegt über diesen Zufall! Mitten in New York, in einem teuren Designhotel, kommt irgendein Tuppes auf die Idee, sein Restaurant »Gaby« zu nennen. Wenn das nicht superseltsamlustig ist, dann weiß ich es auch nicht. Flott ein Käffchen in die müden Venen geknallt, und dann zum Aufhübschen aufs Zimmer. Schließlich wird man ja nicht jeden Tag zum Empfang eines Generalkonsuls des deutschen Generalkonsulats eingeladen.

Der Empfang beim Generalkonsul David Gill wurde vom Land Nordrhein-Westfalen geschmissen, und zwar in der Park Avenue. Eine echt noble Gegend, auf keinen Fall der soziale Brennpunkt der Stadt. Nicht unweit vom legendären Central Park, Leute – der absolute Wahnsinn, so habe ich mir immer bei Monopoly die Parkstraße und Schlossallee vorgestellt! Teure Hütten, edles Pflaster. Wir sollten standesgemäß von einem Fahrer mit Limo abgeholt werden, aber der Vogel hätte vielleicht noch mal einen kleinen Chauffeur-Kursus machen sollen: Anstatt sich mal mit dem bequemen Hintern aus der Karre zu bewegen, saß er pomadig auf dem selbigen und machte keine Anstalten, sich aus dem Auto zu bewegen. Nett – da freue ich mich doch immer wieder, wenn wir Rollstuhlfahrer zur Selbsthilfe gezwungen werden. Egal. Irgendwann saßen wir drin und ließen uns zu dem Empfang kutschieren. Das Ganze war nicht gerade kleinklein gestaltet, sondern richtig feudal aufgezogen: Sektchen vorab, schicke Häppchen vom Tablett und natürlich mit 'ner salbungsvollen, höflichen Rede. Es waren jede Menge Menschen eingeladen, ich führte viele kurze Gespräche, hatte aber nicht allzu viel Bock, so lange zu bleiben, denn ich wollte ja Kräfte sparen für den großen Tag der Preisverleihung! Also ließen wir uns ohne großen Exzess zeitig wieder vom Fahrer ins Hotel zurückbringen.

In der Zwischenzeit war unser Team komplett geworden: Mein Manager Jonas Wagner war endlich auch angereist, zu meiner großen Freude. Ich war gespannt, was er zu sagen hatte, das war ja immerhin sein erster Besuch des Big Apples. Montagmorgen tauschten wir erste Eindrücke aus, beim leckeren Pancake-Frühstück im »Gaby's«. Dann wollte ich so schnell wie möglich mit Dani und Jonas on the road again, unter die Leute. So langsam hatte ich mich an diese Riesenstadt gewöhnt, an den irren Trubel und die Lautstärke. Wenn ich an die Abreise dachte, wurde ich schon etwas wehmütig, ich hatte irgendwie überhaupt keine Lust, wieder nach Deutschland zu fliegen. Was war da los, fragte ich mich. Und dann kam ich drauf: Ich hatte mich seit Jahren nicht mehr so lebendig gefühlt wie in diesen drei Tagen in New York! Diese Stadt war wie eine Spritze Lebenslust, die durch meine müden Venen rauschte und mein durch den Schlag ramponiertes Hirn auffrischte. Herrlich, ich fühlte mich so vital und voller Tatendrang. Ich nahm mir fest vor, einen Teil dieser neuen Energie zu konservieren und mit nach Hause zu nehmen. Dort auch wieder mehr zu unternehmen, zu versuchen, der altbekannten Heimat neue Ansichten abzugewinnen, nach neuen Menschen und Impulsen für die eigene Kreativität zu suchen. Zu Hause verfällt man immer zu oft in die jahrelang erprobte und reichlich bekannte Routine. Man geht ja meistens doch immer in dieselben Läden, Cafés und sucht viel zu wenig nach neuen Attraktionen. Aber das Neue kann so lebensbejahend sein, frisch und wach machen. Ich kenne das von mir selber: Blut geleckt, Neugierde geweckt.

Stillstand und Routine sind zwar pflegeleichte Begleiter im Alltag, aber machen wir uns nix vor: Das Verwalten von Altbekanntem ist dem Neuem abträglich. Gerade wir Menschen mit Handicap sollten uns viel öfter mal gepflegt in den Allerwertesten treten. Symbolisch, versteht sich, sonst ist man natürlich der berühmte Einbeinige auf der Arschtrittparty …!

Herrschaften, ich erzähle später noch von den Dingen, die ich neu für mich entdeckt habe und die mein Stimmungsbarometer schön im Hoch halten können. Meine Lebensfreude beflügelt haben. Aber ich verquatsche mich schon wieder, 'schulligung!

Nach unserem kleinen Shopping-Tourchen ging's wieder ins Hotel, kurz auf dem Bett langmachen und dann aber schnell in die »Lackstraße« zum generalstabsmäßigen Aufbrezeln für die Verleihung. Die fand im Hilton-Hotel statt. Mein lieber Krokoschinski, die Bude hätte auch mal 'ne professionelle Aufhübschung gebrauchen können. Paris Hilton hat wahrscheinlich mehr an ihrem Gesicht machen lassen als an diesem Hotel. Ich will ja echt nicht meckern, aber das war schon eine ziemlich abgerockte Hütte. Statt jedem ihrer Teacup-Hunde eine eigene Villa zu bauen, sollte Paris mal lieber das Erbe ihrer Vorfahren instand setzen und in Ehren halten. Ist doch wahr.

Die Preisverleihungsveranstaltung war relativ locker, nicht so eine hyperbewachte Sicherheitsveranstaltung, wo alle drei Meter ein sonnenbebrillter Anzuggorilla in Böse steht und einen Knopf im Ohr hat. Meines Erachtens kommt da jeder YouTuber rein, wenn er sich nicht völlig doof anstellt. Oder die waren so gut organisiert und versteckt, dass der normale Gast es gar nicht gecheckt hat, wie sicher die ganze Party war.

Viel buntes Volk war unterwegs, da es ja die International-Emmy-Preisverleihung war. Es waren zum Beispiel auch Brasilianerinnen nominiert, und da ich aufgrund der zu bewältigenden Fußstrecken im Rolli saß, hatte ich in der Eingangsschlange den ein oder anderen paillettenbestückten Brasilpopo im Gesicht. Einige entzückend knackig, andere wiederum, die sehr ausladend waren. Für Rollstuhlfahrer ist ein Arsch – egal wie hübsch – leider viel zu oft auch eine Beeinträchtigung des Gesichtsfelds. Machste nix.

Der Veranstaltungssaal der Preisverleihung war mit vielen großen, runden Tischen bestückt, da vorher noch ein Dinner gereicht wurde. Herr Emmy ließ sich schließlich nicht lumpen und wollte wahrscheinlich vermeiden, dass zu lautes Magenknurren die feierliche Zeremonie stört. Und wie das so ist bei diesen Preisverleihungen – die Kategorie, die einen betrifft oder für die man sich interessiert, die ist immer im hinteren Teil des Ablaufs. Will sagen: Du wartest und wartest. Und es nervt dich, dass du wartest und wartest. Geduld war ja eh nicht von meiner Mutter als Sonderausstattung für mich angekreuzt worden. Also kann sich jeder wohl vorstellen, dass ich mit jeder Minute aufgeregter und vor allem ungeduldiger wurde. Als ich es kaum noch aushalten konnte, war es endlich so weit: Die »Best Performance« wurde angekündigt. Und von da an ging es irgendwie viel zu schnell. Ist leider auch so 'ne Art Naturgesetz. Erst wartest du ewig, dann ist der ersehnte Augenblick endlich da, und ehe du dich versiehst, isser auch schon wieder vorbei. Ruckzuck waren wir »Best Actress«, beste Schauspielerin. Es wurde ein Ausschnitt unseres Films gezeigt, in Englisch untertitelt, sehr merkwürdiges Gefühl, das! Da sitzt man in New York, tausende von Kilometern von zu Hause in einem Hotel-Ballroom und hört eine englische Stimme, die von einem Film namens *The Sniffles Would Have Been Just Fine* spricht. Was ja quasi die 1:1-Übersetzung ist für *Ein Schnupfen hätte auch gereicht*. Dann die anderen Nominierten, für die man irgendwie nur wenig Anteilnahme aufbringen kann … Und dann war es endlich so weit: Die Laudatorin Connie Nielsen öffnete den ominösen Umschlag und sagte die erlösenden Worte: »Best performance by Anna Schudt for ›The Sniffles Would Have Been Just Fine‹!« Hurra, yippieayeah, ich war total geflasht und schrie vor Begeisterung! Das Adrenalin schoss mir in die Mauken, unser ganzer Tisch sprang auf und alle johlten sich begeistert die Anspannung aus dem Leib. Wir jubelten so laut wir konnten, es war der Oberwahnsinnshammerknall! Anna stürmte auf die Bühne und nahm die Trophäe entgegen. Sie strahlte dermaßen, mit der Energie hätte man ganz New York beleuchten können. Sie bedankte sich bei allen, nannte einige Namen, und dann sagte sie etwas, was mich total umhaute: »Gaby, finally we made it to New York. I love you, thank you so much!« Ich konnte kaum glauben, was ich gehört hatte, und dachte nur: »Schatz, das hast du ganz alleine geschafft! Du hast den ganzen Wahnsinn auf dich genommen und dann gerockt!« Noch heute, wenn ich mir den Clip auf YouTube angucke, bekomme ich eine Gänsehaut und bin total aufgewühlt. Wie lieb von dieser außergewöhnlichen Frau, im Augenblick ihres Triumphes so einen Satz rauszuhauen: »Gaby, finally we made it to New York, I love you!« Da kommt Freude auf, das ist wie ein Glückskeks für meine Seele. Wenn ich darüber nachdenke, dass Anna von über 1400 Mitstreitern das Rennen gemacht hat, wird's mir selbst beim Schreiben immer noch ganz blümerant zumute. Was ein Wahnsinn.

Aber zurück zur Verleihung: Ein paar Minuten später kam Anna samt Preis an unseren Tisch. Wir herzten uns hektisch mit einem satten Kreischen. Ehrfurchtsvoll bestaunten wir den Emmy! Leute, unter uns Gebetsschwestern muss ich mal eben feststellen, dass der Emmy Award einer der schönsten Preistrophäen ist, die ich kenne. Natürlich mussten wir uns auch schnell wieder beruhigen, die Verleihung war ja noch nicht zu Ende. Ganz ehrlich, ich habe wirklich aus Respekt versucht, mich weiterhin auf die Veranstaltung zu konzentrieren, aber es fiel mir sehr schwer. Von unserer Seite aus war die Luft natürlich komplett raus. Nur einmal konnte ich mich noch richtig begeistern. Plötzlich kam Tony Shalhoub auf die Bühne, der Hauptdarsteller aus der Serie »Monk«, die lange Jahre die absolute Lieblingsserie meines Sohnes war. Da bekam ich noch mal Druck auf den Kessel, und ich machte noch schnell ein Foto für Donald. Natürlich schickte ich es ihm sofort, und prompt meldete er sich ungläubig zurück: »Nicht dein Ernst!« Über Annas Preisgewinn war er genauso begeistert wie wir. Ein bisschen Wehmut kam in mir auf. Schade, dass er nicht bei mir sein konnte. Ich habe ihn in diesem Moment sehr vermisst, meinen guten Jungen.

Irgendwann gab es dann so eine Art Abschlussdessert oder wie wir etwas lockerer sagen würden: einen Nachtisch, der im Vorraum des Ballsaales gereicht wurde. Allerdings hatte ich mehr Appetit auf einen herzhaften Nikotin-Absacker, also ging ich mit den anderen Suchtbolzen vor die Tür, um zu quarzen. Und während ich so vor mich hinpaffte, dachte ich an meine Mutter, die wahrscheinlich vor Aufregung kaum schlief. Sollte ich sie anrufen? Um halb vier morgens? Auf der anderen Seite war mir klar, dass Ria garantiert mit gedrückten Daumen eingeschlafen war und allerhöchstens im nervösen Halbschlaf vor sich hin duselte, ich kenne doch meine Mutter. Was soll's! Ich beschloss, sie kurzerhand anzurufen. Solche Augenblicke kennen keine Nachtruhe. Bingo, die Mum war tatsächlich auch direkt am Telefon, und weil ich darüber so begeistert war, hielt ich mich auch nicht lange mit unnötigem Gesabbel auf. Ich schrie nur: »Anna hat den Preis geholt!« Und dann überrannten mich sofort wieder alle Emotionen. Wir lachten und weinten gemeinsam am Telefon, die gute Mum war fassungslos und sagte immer wieder nur: »Watt? Wahnsinn, dat jiddet doch nit!« – und weinte sofort wieder vor Freude los. Als wir uns beruhigt hatten und tausend Küsse durchs Telefon geknutscht hatten, legten wir auf.

Die Veranstaltung löste sich langsam auf, und wir beschlossen, noch ein Kaltgetränk auf der Aftershowparty einzuschmeißen. Die sollte in einer Disco in der Nähe unseres Hotels stattfinden. Wir machten uns zu Fuß auf die Socken, ich natürlich mit dem Rolli.

New York auf Rädern war schon 'ne komische Sache für mich, bei meinen drei vorhergehenden Besuchen der Stadt hatte ich noch alles per pedes erschlossen. Das war wieder so ein Augenblick des Innehaltens. Was hat das Leben mir da eigentlich für eine verrückte Geschichte ins Logbuch gehustet? Ich rollte mit meinem Rollstuhl durch das nächtliche New York, kam von einer internationalen Preisverleihung, bei der eine Schauspielerin einen Preis gewonnen hatte, weil sie mich in einem Film über meinen drecksdrisseligen Schlaganfall so gut dargestellt hat. Und während ich durch die Nacht rollte, musste ich permanent daran denken, dass ich bei meinen letzten Besuchen gesund auf meinen eigenen Beinen durch diese Stadt gelaufen war.

Ich bin mir in solchen Momenten nicht sicher, ob ich mit meinem Schicksal hadere oder einfach nur »Früher – heute« – Vergleiche ziehe. Vielleicht ist es ja beides. Was auch okay ist. Weil es nun mal jetzt so ist, wie es ist. Früher gelaufen, heute geht das nicht mehr so. Punkt. Schade, aber was soll ich machen? Rumheulen und janken ist ab und an mal okay, aber bringt nix und versaut einem nur die Lebensfreude. Und ich will Lebensfreude, verdammt noch mal. Sonst macht das Leben für mich keinen Sinn, Freunde. Ich glaube, es ist wie mit Vergleichen aus der Kindheit. Man denkt darüber nach, wie unfassbar lecker Schokolade geschmeckt hat. Wie lustig Laurel und Hardy im Fernsehen waren, wie großartig das erste Fahrrad war. Ein bisschen wehmütige Glückseligkeit gepaart mit der nüchternen Erkenntnis, dass einige Erlebnisse nie wieder so intensiv erlebt werden können wie früher. Aber, und das ist die gute Nachricht: Andere Dinge erlebe ich dafür heute umso intensiver und glücklicher. Trotz Handicap, trotz Rollstuhl und Körperteilen, die mir nicht mehr richtig gehorchen wollen. Die tiefe Liebe zum Kind, zur Familie, den Tieren, die Wertschätzung des Lebens – das bringt einem das Alter. Und dafür muss man nun mal älter werden. Und da habe ich so gesehen einfach richtig Glück gehabt, dass ich so eine verrückte Geschichte, solche Momente wie diese in New York, überhaupt erleben darf.

Die Stufen hoch zur Disco schaffte ich locker. Dann schraubte ich mir eine kühle Coke aus den kleinen Glasfläschchen rein. Ich bin der Ansicht – und da lasse ich auch nicht mit mir reden –, dass Cola aus den kleinen, schön geschwungenen 0,2-Liter-Flaschen einfach am besten schmeckt. Basta. Leider war die Cola nicht das Einzige, was kühl war. Die Klimaanlage der Disse pfiff dermaßen heftig, dass mir ruck, zuck arktische Kälte durchs Gebälk kroch. Ich dachte, ich hab 'nen Pinguin auf der Schulter. Glücklicherweise hatte ich eine große Stola an, mit der ich noch andere Damen in luftiger Abendrobe hätte wärmen können, auf Erkältung bloß wegen einer dämlichen Klimaanlage hatten wir alle verständlicherweise wenig Lust. Unsere Bitte, das Eispustefixgebläse von Yeti auf Tropen umzustellen, blieb ungehört. Kein Anschluss unter dieser Nummer, obwohl wir zitterten wie Espenlaub.

Kurz bevor wir gingen, hab ich noch mit Anna und mit Stock ein kurzes Tänzchen hingelegt, damit wenigstens etwas Wärme aufkam. Aber die lange, aufregende Nacht forderte ihren Tribut, und nicht nur ich fühlte mich platter als platt. Also zurück ins Hotel, schließlich wollten wir am nächsten Tag einigermaßen fit sein für ein spontan angesetztes Fotoshooting am Times Square. Dumm nur: Dani und ich waren zwar fix und foxi, aber trotzdem immer noch so aufgekratzt, dass an Schlaf nicht zu denken war. Immer wieder versicherten wir uns lautstark: »Das gibt's doch nicht, ey, wir haben 'nen Emmy!«. Um wenigstens ein bisschen runterzukommen, packten wir aber unsere Sachen, denn am Dienstagmorgen war ja leider schon Abreise und extrem frühes

Aufstehen angesagt. Wenn das Packen erstmal wegfiel, dann war wenigstens ein bisschen Zeit für das Fotoshooting und die damit einhergehenden Restaurationsarbeiten in der Lackstraße gewonnen. Wir kamen langsam runter, stellten Handywecker und dämmerten glücklich und zufrieden ins Land der Träume.

Am nächsten Morgen hüpften wir – trotz der kurzen Schlafzeit – ziemlich flott aus den Federn. Katzenwäsche, Zähne putzen, anziehen inklusive Lackstraße und dann ein letztes Mal Pancakes frühstücken im »Gaby's«, bevor es zum Fotoshooting am Times Square ging.

Der Times Square war glücklicherweise direkt um die Ecke. Nach dem Frühstück trafen wir uns alle in der Hotellobby. Annas Mann Moritz sollte mit dem »Emmy«, der in einer großen schwarzen Kiste verpackt war, später nachkommen. Am Times Square angekommen, fanden wir glücklicherweise eine freie Steinbank, obwohl tierisch viel los war an dieser berühmten Touristenattraktion. Ich nahm mein Rückenkissen aus dem Rolli und machte es mir auf der Bank bequem. Moritz traf später völlig abgehetzt ein: Er war wegen der schwarzen Kiste mit dem Emmy von der Polizei angehalten worden – die Cops dachten tatsächlich, er hätte Waffen da drin. Klar, in so 'ner großen Stadt voller Touris und reichlich durchgeknallten Zeitgenossen müssen die Polizisten auf alles gefasst sein und haben eine etwas kürzere Lunte als in einer beschaulichen Kleinstadt.

Michael Souvignier, der Chef der Firma *Zeitsprung*, die den *Schnupfen*-Film produziert hatte, machte die Fotos höchstpersönlich. Wir waren schneller fertig als gedacht und hatten daher noch ein wenig Zeit, um über die Fifth Avenue Richtung Central Park zu bummeln. Hörens, Herrschaften – das ist der absolute Bling-Bling-Luxushammer für die Augen, denn die Fifth Avenue ist eine wahrlich dekadente Luxusmeile, gerade zur Weihnachtszeit. Dort findet man alle edlen Modehäuser: Gucci, Yves Saint Laurent, Hermès, Louis Vuitton – sag was, sind alle da! Eigentlich ist das ja nicht so meins, aber es war wirklich ein Genuss, diese opulenten, herrlich geschmückten Schaufenster zu betrachten.

Der gute Jonas wollte gerne noch Fotos für seine Kinder von den Schauplätzen des Films *Kevin – Allein zu Haus* machen, also marschierten wir zum Hotel »The Plaza« . Von da aus ging es dann weiter in den Central Park zu der Brücke, unter der sich Kevin in dem legendären Streifen versteckt hat. So, dear Friends and Copperstockers, liebe Freunde und Kupferstecher – haltet euch fest, denn jetzt kommt noch ein Knaller! Ich hatte nämlich auch noch eine heilige Mission im Central Park zu erledigen. Frau Köster, ihres Zeichens eine große Freundin der Rolling Stones, wollte unbedingt auf eigenen Füßen eine kleine Strecke durch den Park gehen und dabei leise »MISS YOU« von den Stones singen! Ganz so wie von Herrn Jagger besungen: »I've been walking in Central Park, singing after dark, people think I'm crazy, I´ve been stumbling on my feet …!« Ha! Und das habe ich auch genau so gemacht. Raus aus dem Rollstuhl und ab dafür! Was für ein erhabenes Gefühl, das dem dricksdrecksdrisseligen Schlaganfall abgetrotzt zu haben. Ich war so glücklich, Kinders! Als Andenken an dieses für mich wahrhaft selige Erlebnis habe ich mir etwas Central-Park-Laub mitgenommen und zu Hause in mein Tagebuch geklebt. Daran kann ich mich immer wieder sehr erfreuen, das ist bis heute für mich sehr, sehr wertvoll und tausendmal besser als irgendein Gucci-Driss.

An einem Foodtruck snackten wir zur Belohnung noch flott den leckersten und teuersten Hotdog unseres Lebens, das war großartig. Da saß ich mit Jonas in dieser wahnsinnig aufregenden Stadt, weil eine Schauspielerin einen Preis bekommen hat, weil sie mich in einem Film dargestellt hat, der einen wichtigen Teil meines Lebens erzählt. Wie verrückt ist das denn, bitteschön? Ich meine, mein Leben war bis dato nun wirklich nicht eines der langweiligsten, aber das war noch mal »eins drauf«! Das waren alles Gedanken, die mir Hotdog kauend durch mein verwüstetes Hirn schossen. Das Leben ist doch großartig, es packt dich oft am Schlafittchen, beutelt dich durch und trägt dich gleichzeitig in die höchsten Sphären. Life is a rollercoaster and I wanna ride it – das Leben ist eine Achterbahn und ich will mitfahren! Wunderbar.

Ich hätte da noch stundenlang sitzen können, das sind die Momente im Leben, die mir klarmachen, woher ich meinen Lebenswillen und meinen Optimismus nehme: aus dem Leben selbst. Die Neugier auf das, was noch unbekannt vor mir liegt. Ich will wissen, ob da noch mehr drin ist. Auch wenn man immer wieder die Grütze aus dieser gemischten Tüte namens Leben fischt. Und was New York angeht, Herrschaften, hörens: Ich sage es euch ganz klar und schreibe es deswegen auch noch mal schwarz auf weiß in dieses Buch: Eines Tages werde ich mir einen Traum erfüllen und mit der Kutsche durch diesen wunderbaren Park fahren! Denn eigentlich wollten Jonas und ich ja auch noch zum John-Lennon-Denkmal Strawberry Fields, aber dazu war dann leider die Zeit doch zu knapp. Schade! Dieser Park ist Balsamico für meine Seele, aber so habe ich wenigstens ein neues Ziel, auf das ich mich freuen kann. Ganz klar, so wird es kommen – eines Tages werde ich mit der Kutsche durch den Central Park rollen!

Aber erst ging es wieder nach Hause. Die Ausreise war zu meinem Erstaunen nicht weniger mühsam als die Einreise.

Wehmutig schaute ich aus dem Kabinenfenster des Flugzeugs: Goodbye, New York, hope to see you soon again, but with a bit more time! Den Großteil des Fluges nach Frankfurt verbrachte ich dank der Business Class schlafend im bequemen Sessel. In Frankfurt angekommen, fuhren wir mit Jonas' Auto direkt nach Köln. Als ich endlich wieder in meinem Hausflur stand, begrüßten mich alle meine geliebten Fellnasen stürmisch und lautstark bellend. Bei einer guten Tasse Kaffee und 'ner Kippe in meiner Küche ließ ich mich tief in Gedanken fallen und dankte meinen himmlischen Schutzengeln für diese wunderbare Reise mit ihren unvergesslichen, einzigartigen Erlebnissen. Nicht auszudenken, wenn ich das nicht erlebt hätte. Tausend Dank an dieser Stelle auch an meine irdischen Engel: an Jörg Graf von RTL und Michael Souvignier von Zeitsprung – danke, dass ihr mir diese Reise ermöglicht habt. Und bei meinem Vater, dass er mich damals, als ich nach dem Schlaganfall bei ihm im Himmel bleiben wollte, zurückgeschickt hat. Auf die Erde, zurück ins Koma. Aus dem ich erwacht bin und die Herausforderung des Lebens angenommen habe, egal wie schwer sie auch werden würde. Allein für die Reise zum Emmy nach New York hat es sich gelohnt.

»Dass Gaby immer lustig ist und wir so viel Spaß haben, wenn wir gemeinsam unterwegs sind, gefällt mir sehr. Es ist immer superangenehm mit ihr – auch wenn wir mal schweigen und uns nicht kaputtlachen. Gaby ist ein unglaublich mitfühlender Mensch, sie merkt sich alles und fragt Monate später noch nach Sachen, die ich längst schon wieder vergessen habe. Sie bedankt sich immer tausendmal bei mir und fragt, ob alles okay für mich ist … immer denkt sie als Erstes an die anderen, dann erst an sich. Es ist immer schön mit ihr und ich freue mich sehr, wenn wir zusammen unterwegs sind.«

Daniela Arends, Gabys Maskenbildnerin
und Tourbegleiterin

Auf Tour

Viele Leute fragen mich gerne mal: »Müssen Sie denn noch arbeiten? Sie haben doch nun weiß Gott schon genug am Hals!« Herrschaften, hörens: Das ist sehr nett und ich weiß, was ihr meint. Aber ich habe es nicht am Hals, was sehr gut ist, denn sonst könnte ich ja nicht mehr reden – und dann könnte ich übrigens auch nicht mehr arbeiten, was wiederum ein Grauen wäre. Also bleibt festzuhalten, dass ich noch arbeiten will, gerade weil das Schicksal es gut mit mir meint. Obwohl es natürlich etwas arschlochig zu mir war. Aber genau darum geht es mir ja – obwohl mich der drecksdrisselige Schlag aus meiner Karriere herauskatapultiert hat – glücklicherweise so gut, dass ich noch auftreten kann. Und will.

Damit es auch jeder begreift: Ich bin sogar sauglücklich, dass ich noch arbeiten kann, und habe meine *Sitcom*-Tournee sehr genossen. Ich kann jedem, dem es ähnlich wie mir geht, nur empfehlen: Füllt euer Leben so gut es euch möglich ist mit Arbeit, Aufgaben, Hobbys und anderen Beschäftigungen. Der Weg ist das Ziel, ihr könnt an euren Aufgaben wachsen und einen neuen Sinn finden. Niemand ist nutzlos, nur weil er einen Arm oder ein Bein nicht mehr richtig bewegen kann. Holt euch die Deutungshoheit über euer Leben zurück und lasst euch – wenn es irgendwie geht – nicht von der Krankheit das Leben diktieren. Hört nicht auf, hartnäckig zu sein. Es gibt so viele berühmte Vorbilder: der irische Autor und Maler Christy Brown, der nur seinen linken Fuß bewegen konnte. Seine berührende Geschichte wurde mit dem brillanten Daniel Day-Lewis in der Hauptrolle verfilmt und zeigt, was man mit einer guten Menschen- und Willenskraft schaffen kann. Oder der Gitarrist Leslie West von der Rockgruppe Mountain, deren größter Hit 1969 »Mississippi Queen« war. West wurde im Jahr 2011 aufgrund seiner Diabeteserkrankung ein Teil des unteren rechten Beines amputiert. Was macht der Vogel? Bereits zwei Monate später lässt er sich im Rollstuhl wieder auf die Bühne schieben und haut derartig in die Saiten, dass es nur so scheppert. Und zeigt dem Schicksal gepflegt den mittleren Rock'n'Roll-Fuck-You-Flutschfinger.

Röchtich so, Herr West. Ich habe vollstes Verständnis.

Die Tour ermöglicht mir mehrere Dinge, die meine Lebensqualität steigern. Zum einen ganz schnöde wirtschaftliche Gründe: Ich habe Familie und die muss schließlich versorgt werden. Ihr wisst ja: Nicht jeder Esel kackt Dukaten, da hilft kein Füttern und kein Warten! Also muss ich weiterhin unser Leben selber bezahlen, mit all seinen Notwendigkeiten und Annehmlichkeiten. Zu Letzteren zählt sicherlich meine alte, handgeklöppelte ibizenkische Finca mitten in der Pampa dieser herrlichen Baleareninsel.

Natürlich muss ich mir seit Jahren immer anhören, ich soll doch »die Stresshütte verkaufen, weil die ja doch nur kostet und Arbeit macht, die alte Bauernbude«, »und barrierefrei ist die ja auch nicht, wenn wenigstens …«. Genug, es reicht. Was ist schon barrierefrei? Das Leben bestimmt nicht, Kinders. Und mein wunderschönes Haus auch nicht, das ist richtig. Aber ich liebe dieses Haus, es gibt mir Kraft und Energie. Es ist mein Lebensmutgenerator, jeder Aufenthalt schiebt mich nach vorne und macht mein Leben lebenswert. Natürlich frisst der alte Kasten Geld, aber ich bin genügsam. Ich habe dort keine Einbauküche im Wert von zwei neuen Kleinwagen oder auch nicht irgendwelchen sauteuren Designerdriss drin stehen. Es ist so, dass ich mich in der Sonne und der Abgeschiedenheit einfach bestens erholen kann. Das ist für mich ein wichtiges Stück Lebensqualität. Und die kann man sowieso nicht in Geld messen.

Und wenn ich auf Tour bin und meine Arbeit mache, dann kann ich nicht nur Geld verdienen, um meine Familie zu ernähren und meine Lebensqualität zu erhöhen – nein, da passiert noch viel mehr. Ich bin Künstlerin durch und durch, ich gehe auf Tour, weil es meine Berufung ist. Ich freue mich und es gibt mir unendlich viel Kraft, wenn die Leute glücklich nach Hause gehen. Natürlich kostet es mich auch viel Kraft, es wird nicht gerade von Jahr zu Jahr einfacher, liebe Freunde der gepflegten Kalenderweisheit. Ich habe auf dieser Tournee 47 Auftritte gerockt, das ist schon 'n dickes Ding. Und ich musste ganz nüchtern feststellen, dass ich das nicht mal eben auf einem Bein so weghüpfe. Schon gar nicht, wenn mein linkes Bein weiterhin seit Jahren unbeeindruckt von meinen Wünschen einfach den geregelten und reibungslosen Dienst verweigert, verfluchte Hacke. Ich brauche doch zwischendurch meine Ruhepausen, sonst verliere ich zu viel Kraft, und dann geht mit dem linken Flunken schnell gar nix mehr. Drei Auftritte pro Woche sind okay, wenn die Anreisezeit nicht so lang ist. Aber wenn wir fliegen oder mit dem Auto fahren, dann merke ich schon, wie kräftezehrend das ist. Diese Reiserei ist sehr anstrengend für mich und macht mich ganz schön müde. Wenn man gesund ist und rumhüpfen kann, wie man will, dann versteht man oft nicht, wie anstrengend das Leben ist mit Handicap. Und es bleibt ja nicht bei Reiseschwierigkeiten wie rein ins Flugzeug, den

Zug, das Auto und wieder raus ...! Zu dem normalen Driss kommt ja meistens erschwerend hinzu, dass viele – nein, sagen wir lieber, die meisten – Bühnen keine Rollstuhlrampen haben, sondern zum Teil nur die abenteuerlichsten Treppenkonstruktionen im schummerigen Halbdunkel, wo man selbst mit zwei gesunden Beinen schwer aufpassen muss, dass man sich nicht langlegt und die Haxen bricht.

Was gegen Erschöpfung und Müdigkeit hilft? Etwas, was ich Gott sei Dank reichlich produziere, bevor ich auf eine Bühne gehe: Adrenalin. Dieses wunderbare Power-Stresshormon schütte ich nämlich übermäßig aus, bevor ich auf die Bretter muss. Ich habe ordentlich Lampenfieber, und zwar nicht zu knapp. Es ist schon besser geworden als vor dem Schlaganfall – früher war ich wirklich ein verzweifeltes, hypernervöses Bündel Mensch. Ich habe jedes Mal gedacht, ich müsste sterben, so schlimm nervös war ich. Dagegen bin ich heute fast so cool wie Clint Eastwood, aber nur in der Wahrnehmung meines Publikums. An sich bin ich immer noch ziemlich aufgeregt. Aber wie gesagt, es hat auch positive Seiten: Jedwede Müdigkeit verfliegt, wenn das Adrenalin kurz vor dem Auftritt durch deine Blutbahn brettert wie ein Bob. Und seien wir mal ganz ehrlich – es ist ja auch verdammt noch mal richtig, dass ich als Künstlerin ein bisschen aufgeregt bin, sonst kann man ja gleich ein Faxgerät auf die Bühne stellen. Ich empfinde es schon fast als respektlos, wenn ein Künstler völlig emotionslos auf die Bühne geht. Da sind ja Leute, die für mich bezahlt haben, die sich freuen, wenn ich loslege. Auch wenn sie wie in meinem Fall wissen, dass ich keinen Flicflac mehr auf der Bühne mache.

Früher habe ich ja ganz schön getobt, aber das geht eben heute nicht mehr. Trotzdem sind die Auftritte für mich auch körperlich anstrengend: Unter dem Tisch ist manchmal die

Hölle los! Ich trampel dann mit den Beinen rum, als würde ich auf der Bühne rumlaufen, und spiele die Nummer oft mit meinem ganzen Körper mit, versuche die Wörter mit Gestik zu verbinden und ihnen mehr Ausdruck zu verleihen. Anstrengend, klar, aber ich mache das gerne und empfinde das nicht als schwere Arbeit. Und das Adrenalin hilft natürlich, es bringt mich ordentlich auf Trab. Oft empfinde ich diesen Zustand sogar als konzentrationsfördernd, weil ich mich durch die Anspannung mehr fokussiere und schneller auf Betriebstemperatur komme. Ich würde sogar so weit gehen und sagen: Wenn ich nichts mehr fühle, bevor ich auf eine Bühne gehe, dann würde ich sofort aufhören. Schreckliche Vorstellung, so will ich nicht sein.

Denn ein großer Teil meiner Willenskraft und meines unerschütterlichen Optimismus speist sich ja aus der faszinierenden Tatsache, dass all diese wunderbaren Menschen mir die Treue halten und immer noch in meine Vorstellungen kommen – obwohl sie wissen, dass aus dem kölschen Temperaments-Turbo ein ruhiges Ausflugsschiff geworden ist. Was nicht schlechter sein muss, man sieht ja sehr gut an den Rolling Stones, dass alles Vor- und Nachteile hat. Der Herr Jagger ist der fitte Dauerläufer, der sich eigentlich in Mick Jogger umbenennen sollte, und der Herr Richards traktiert in aller Ruhe mit Kippe in der Schnute seine Gitarre. Heute bin ich eben dem guten Keith Richards näher als dem spraddeligen Mick. Aber mein Publikum nimmt mich so, wie ich jetzt bin, und das gibt mir viel Licht und Liebe.

Die ganzen Menschen, die schon Stunden vor dem Auftritt vor den Bühneneingängen auf mich warten und das halbe Internet ausgedruckt haben, damit ich ihnen auf Bildern und Artikeln meine Unterschrift hinterlasse! Das ist doch der Wahnsinn, das ist mir schon fast genauso unangenehm wie Standing Ovations, die ich auf der *Sitcom*-Tour auch sehr häufig erhalten habe. Ich bin dann immer sehr berührt und denke: Leute, locker bleiben – ich bin es doch nur, eure Gaby! Ich mach doch nur meinen Job und gebe mir Mühe, etwas von dem Glück und der Energie, die ich aus diesem Beruf ziehe, an das Publikum zurückzugeben. Das Leben besteht aus Geben und Nehmen, aber doch bitte nicht nach dem Motto: Ich nehme, ihr gebt! Nein, so ticke ich nicht. Oft hätte ich auf der letzten Tour gerne nach der Show noch mehr Kontakt gehabt zu den Leuten, für Gespräche, Fotos und was auch immer.

Es kommen nach wie vor so viele Menschen zu mir, die mir von schweren Krankheitsfällen in ihrer Familie berichten, von Schlaganfällen, die ihre Partner oder sie selbst erlitten haben. Natürlich kann ich nicht helfen, ich bin ja nun mal kein Arzt. Aber trotzdem würde ich diesen Leuten gerne in Ruhe zuhören, die haben ja schließlich auch mein *Schnupfen*-Buch gelesen, sich die Vorstellung angesehen oder sogar beides. Die verdienen auch ein offenes Ohr und Empathie, damit sie ihren Lebensmut nicht verlieren. Denn es sind natürlich speziell diese Menschen, die mich immer wieder ungläubig fragen, woher ich »diese unglaubliche Kraft« nehme. Und da ich meine Kraft ja zu einem Großteil aus diesem Job ziehe, schließt sich hier der Kreis für mich. Daher kommt mein Bedürfnis, manchmal etwas mehr Zeit für diese Leute zu haben, ihnen zuzuhören. Denn schwere Krankheiten sind ja omnipräsent im Leben der Betroffenen. Tagein, tagaus dreht sich alles nur um die Krankheit. Da muss man echt aufpassen, dass man nicht irgendwann nur noch die Krankheit lebt. Keiner weiß besser als ich, dass das natürlich nicht gerade einfach ist. Aber gerade deswegen sage ich ja immer, dass ich mehr bin als meine Krankheit.

Ich möchte mehr von den Menschen als Mitleid. Und ich lasse mir nicht von meiner Krankheit vorschreiben, was ich zu tun oder zu lassen habe.

Solange es mir irgendwie möglich ist, mache ich Dinge, die mir Spaß machen, gehe auf Tour oder rauche. All diese Menschen, die mit mir nur über Krankheiten reden wollen, denen möchte ich sagen: Sucht nach Auswegen. In jeder Minute, in der euch die Krankheit nicht dominiert: Geht raus in die Natur, ins Kino, ins Theater, in ein Konzert, in ein Café, gönnt euch was Schönes. Lest ein Buch, macht irgendwas, das eure Seele mit anderen Bildern füttert. Sucht euch eine Kraftstation, wo ihr euch wieder aufladen könnt. Das ist wichtig, sonst wird man noch mehr Gefangener der Krankheit, als man es ohnehin schon ist. Deswegen habe ich Bock, vor die Tür zu gehen. Wie sagt mein Freund Till immer: »Daheim sterben die Leut' …«, und ich weiß, wie er das meint. Zu Hause ist schön, aber du brauchst auch andere Eindrücke, neuen Input, Gespräche mit anderen Menschen.

Allzu oft hat das mit den Gesprächen leider nicht geklappt, weil wir noch lange Rückreisen vor uns hatten. Bei der nächsten Tour werden wir mehr Übernachtungen einplanen, damit ich mehr Kontakt zu den Menschen vor Ort bekomme. Das habe ich mir fest vorgenommen. Außerdem schont das auch die Kräfte meiner Tourbegleiter. Der gute Jonas hat stundenlang am Steuer die Kilometer gefressen, ich weiß gar nicht, wo *der* Mann die Energie und Kraft hergenommen hat.

Die *Sitcom*-Tour habe ich natürlich im Sitzen gemacht, daher ja der doppeldeutige Titel. Ich habe inzwischen eine wunderbare Mischung für mich gefunden aus Vorlesen, spontanen Geschichten und Interaktion mit dem Publikum. Früher, also noch vor Anfang der 90er-Jahre, gab es im Kabarett Leute wie Hanns Dieter Hüsch, der hat an der Farfisa-

Orgel gesessen und seine Texte vorgelesen. Dann kam die große Stand-up-Comedy-Welle, und alle mussten auf der Bühne stehen oder mit dem Headset-Mikro auf dem Kopf herumtigern. Heutzutage darf man auch sitzen, Kollegen wie Torsten Sträter haben wieder gezeigt, dass es egal ist, ob man sitzt oder steht, vorliest oder auswendig rezitiert – Hauptsache, es ist lustig. Denn Comedy hat ja auch viel mit Lachen zu tun, wenn ich mich nicht irre.

Angefangen hat die Tour mit einem Vorpremieren-Auftritt – quasi zum Reinkommen – im Atelier von meinem Freund Anton Fuchs, einem Kölner Maler und Bildhauer, von dem ich später noch ein bisschen mehr erzählen werde. Und von dort ging es durch die ganze Republik, das hat mir gut gefallen. Ich habe in Berlin meine liebe Freundin Franziska Traub, die Gisi aus *Ritas Welt*, wiedergetroffen. Dazu haben wir der Picasso-Ausstellung »Das späte Werk« im Barberini-Museum noch einen Besuch abgestattet. Picasso im Original. Das war richtig ergreifend, wahnsinnig beeindruckend, diese Werke »in echt« zu sehen. Auf sich wirken zu lassen, die Details zu entdecken. Was für ein Künstler! Das war so schön, dafür hätte sich die Reise alleine schon gelohnt. Ich finde Picasso wirklich sensationell, obwohl der gegenüber seinen zahlreichen Damen und Musen wohl ein echter Saftsack war, wenn man den Klatsch glauben kann. Aber dafür können die Bilder ja nix. Meine Picasso-Begeisterung geht sogar so weit, dass ich mir neulich eine Serie angeguckt habe, in der Antonio Banderas Picasso gespielt hat. Nicht schlecht sogar.

Aber auch die familiäre Seite kam nicht zu kurz. In Hannover habe ich meine Schwägerin Christiane und meinen Schwager Fede, kurz für Federico, getroffen. Die meisten würden wahrscheinlich von Ex-Verschwägerung sprechen, da sie ja die Verwandtschaft von meinem Ex-Mann sind. Das ist mir aber zu blöde, meine Familie ist eh schon so klein, da kann ich wirklich jeden gebrauchen – vor allem wenn es so liebe Menschen sind wie die beiden und ihre zwei Töchter. Außerdem ist es ja auch die Verwandtschaft von meinem lieben Kind. Also haben wir die Exerei schön sein gelassen und weiterhin unser gutes Verhältnis gepflegt. Donald sowieso, denn gerade seine Cousinen liebt er wirklich heiß und innig. Das Hotel in Garbsen bei Hannover hieß *Landhaus am See* und lag wunderschön, wie der Name ja schon verrät, an einem See. Ich habe ja nun weiß Gott schon wie viele Hotels gesehen und bewohnt, aber der kleine Tourstopp in dem Laden ist wirklich wunderbar gewesen. Da will ich noch mal hin, herrlich malerisch – ich hätte noch ein paar Tage bleiben können.

Unerfreuliches gibt es natürlich auch zu berichten, Freunde der Lästerzunge! Natürlich musste ich in dieser Zeit auch Kritiken einstecken. An ein paar Sätze kann ich mich noch sehr gut erinnern: »Hin und wieder waren die Geschichten durchaus charmant. Doch gelang es ihr nur sehr selten, das Publikum zum Lachen zu bringen.« Und: »Der alte Funke – für den sie so geschätzt wurde – lodert nicht, doch neues Feuer zu entfachen, gelang noch minder. Blendet man am besten Folgen ihrer Erkrankung aus? Darf man sie als Entschuldigung heranführen? Es ist verzwickt – wirklich. Man möchte ihr raten, sich besser beraten zu lassen. Eins steht am Ende dieses Abends fest: Mit diesem Programm wird das Comeback auf der Stand-up-Bühne leider nicht gelingen.«

Was soll man dazu sagen? Ich finde es immer grenzwertig, von Journalisten, »allgemeingültige« Aussagen zu verbreiten. An jenem Abend mag dieser Journalist es so empfunden haben, dass ich ein Comeback nicht geschafft habe. Dann hätte er es aber auch so schreiben sollen. Alles okay. Damit muss man leben. Aber gleich das ganze Programm in die Tonne zu treten und mir allgemein ins Lastenheft schreiben, dass mir so kein Comeback gelingen wird, das finde ich ganz schön dreist und arrogant. Ich könnte jetzt hier aus über zwanzig Zeitungskritiken zitieren, wie sehr sich die Leute amüsiert haben undsoweiterundsofort – mache ich aber nicht. Ist mir genauso zu blöd wie diese stumpfe Verallgemeinerung. Es ist ja außerdem auch so: Auf einer Tour hast du immer mal ein bis zwei Ausreißer nach oben und unten. So ist das Leben. Aber die Menschen vergleichen gerne Äpfel und Birnen. Ich bin eben nicht mehr die »alte« Gaby Köster, sondern die Gaby Köster des Jahres 2019. Und die kann – ob krank oder gesund – sowieso nicht der Projektion einer »gesunden« oder »alten« Gaby Köster entsprechen. Wenn ich ewig nur der Gaby Köster zu Rita-Zeiten hinterherlaufe, dann lebe ich doch in der Vergangenheit, das interessiert mich aber nicht. Ich lebe heute und jetzt, bin, wie ich bin, und akzeptiere, dass ich gewisse Dinge nicht mehr so hinbekomme wie vor 15 Jahren. Na und? Ich freue mich eben lieber darüber, was ich noch alles kann, und daraus resultiert Lebensfreude. Ich habe keine Lust, von Menschen bewertet zu werden, die mir immer nur erzählen, was ich angeblich vor zig Jahren besser konnte. Oder ob das denn sein muss, dass ich trotz erlittenen Schlaganfalls noch auf die Bühne gehen muss. Offensichtlich ja, wenn man die zahlreichen Standing Ovations und guten Zeitungskritiken nicht ignorieren will.

Ich erinnere mich noch an die Frau, die während eines Auftrittes brüllte: »Hör auf, hör bitte auf!« Und ich natürlich: »Wieso, wat is?« Und sie: »Ich hab' in die Hose gemacht, hör auf!« Unglaublich, das. So was hatte ich auch noch nicht erlebt in über 30 Berufsjahren. Endlich war das mal nicht nur ein Spruch, sondern jemand im Publikum hat sich wirklich vor Lachen in die Hose gemacht. Ich hab's gefeiert, ein unvergesslicher Moment.

Aber so ist das eben, du wirst gelobt, bejubelt und du kriegst auf die Schnüss! Geht ja den Kollegen nicht anders, selbst den Weltstars nicht. Immer muss man lesen: »Paul McCartney ist nicht mehr so gut bei Stimme!« Herrschaften, der Mann marschiert stramm auf die 80 Jahre zu, da sollten wir überhaupt einfach nur froh sein, dass er uns seinen Liederkanon mit über 30 Welthits noch selber vorsingt, ihr ewig nörgelnden Napfsülzen.

Ich liebe es, wenn Menschen lachen, vor allen Dingen in diesen verrückten Zeiten. Die Mehrheit der Bevölkerung ist nicht privilegiert, die malochen sich jeden Tag kaputt: Handwerker, Bauarbeiter, Krankenschwestern, Pfleger. Jeden Tag lesen die irgendeinen neuen Wahnsinn, dass sie mit ihrem alten Diesel nicht mehr fahren dürfen werden, die Mieten in den Städten kaum noch zu bezahlen sind – da bin ich froh, wenn überhaupt noch gelacht wird, ob jetzt bei mir im Programm oder bei den Kollegen. Lachen, Freude, das ist genauso überlebenswichtig wie Essen und Trinken. Klar findet man Gemecker in der Presse nicht gut, als Künstler ist man ja auch gerne mal ein Sensibelchen – aber ich spiele für mein Publikum und nicht für Journalisten. Von daher: Nicht aufregen, Kinders, die Mutter der Arschlöcher ist immer schwanger. Geschenkt.

Wenn ich nur daran denke, was ich mal früher alles konnte, dann kann ich ja gleich liegen bleiben, mir die Decke über den Kopf ziehen und heulen. Kein Bock drauf, Kinders. Ich stehe auf und dann nehme ich jede Herausforderung an, die mir der Herr Schicksal entgegenschleudert: Ich kann nicht mehr lange stehen? Dann setze ich mich eben. Ich kann mir kein ganzes Programm mehr auswendig auf die Festplatte schaffen? Dann lese ich eben viel vor. Irgendwas wird schon gehen. Und es ging ja auch.

Apropos – habe ich schon erzählt, dass ich eine echte Höllenpanik vor offenen Treppen habe? Eine schlimme Phobie. Gerade wenn man bedenkt, dass es viele offene Treppen vor Bühnen gibt. Hohe mit vielen Stufen, niedrige mit weniger Stufen. Und umgekehrt, drissegal. Denn ich habe Angst und diese Angst lähmt mich. Natürlich ist mir klar, dass noch niemand zwischen zwei Treppenstufen durchgeschliddert und verstorben ist. Aber Angst ist ja auch nicht rational, das weiß man doch schon aus frühester Kindheit. Es gibt keine Monster unter dem Bett, aber die Angst, dass eventuell vielleicht doch ... die kann man Kindern schwer nehmen. Schon gar nicht mit Logik. Es ist besser, dem Kind mitzuteilen, dass einem das arme Monster leidtut, weil man zufälligerweise der beste Monsterverklopper der Welt ist! Egal, meine Monster heißen jedenfalls offene Treppen. Ich war mal in der Lanxess-Arena von meinen Freunden Peter und Stephan Brings zu einem Gastauftritt eingeladen worden. Hoch habe ich es mit viel Überwindung geschafft, aber runter von der Bühne ging auf einmal gar nicht mehr. Ich stand wie festgenagelt da und konnte mich nicht mehr bewegen, nix ging mehr. Volle Psycholähmung, es war zum Verzweifeln. Kein Körperteil gehorchte mir mehr. Wenn nicht irgendwann Chris Blüm, der Schlagzeuger von *Brings*, mich kurzerhand von der Bühne getragen hätte, dann würde ich wahrscheinlich heute noch da stehen.

Aber, liebe Freunde der getragenen Unterhaltung – wer glaubt, dass ich mich davon beeindrucken lasse und vor Schiss nicht mehr über solche Treppen auf eine Bühne gehe, der hat die Rechnung ohne Frau Köster gemacht. Ich stelle mich dem Problem und lasse mich nicht unterkriegen, auch wenn mir manchmal vor Anstrengung und Schiss der Schweiß sturzbachartig durch den Klempnerpfirsich rauscht. Vielleicht war ich auch in einem früheren Leben mal ein Hund. Und Hunde gehen eben nun mal nicht gerne Treppen. Was soll's, die Tour ist geschafft, die Treppen sind bestiegen, die Ängste natürlich immer noch da, aber besiegt. Nur das zählt.

Der Abschluss der Tour war im Scala, ein schöner Laden in Leverkusen. Ein Freund hat mich begleitet, damit es nicht allzu melancholisch wird und wir das Feiern nicht vergessen. Aber am Ende ist es natürlich beides geworden, sozusagen feierlich melancholisch! Ich habe mich nach dem Auftritt bei allen, die mit mir auf diese Tour gegangen sind, bedankt, bevor wir dann noch ein bisschen zusammengesessen haben. Ich war happy und traurig zugleich, dass der ganze Wahnsinn nach 47 Auftritten ein würdiges Ende hatte. Und natürlich auch stolz und glücklich – trotz aller Vorbehalte und Bedenken hatte ich es geschafft. Es tat gut, die ganzen positiven Kritiken, die Wärme und Freundlichkeit der Besucher, meiner Fans, all die Menschen glücklich gemacht zu haben, die unbeirrbar an mich glauben und mich auf der Bühne sehen wollen. Nach der Tour ist vor der Tour, ich werde das machen, solange ich kann und sich einer findet, der zugucken will.

»Die Tatsache, dass Gaby überhaupt nicht schleimig ist, gefällt mir so gut an ihr – du weißt immer, woran du bei ihr bist. Sie ist gerade an, authentisch und überhaupt: Gaby und Starallüren? Das kannste vergessen, die ist keine Diva, obwohl sie prominent ist. Und das mag ich sehr. Obwohl sie selber oft auf Hilfe angewiesen ist, habe ich festgestellt, dass sie die Erste ist, die dir Hilfe anbietet, wenn es dir nicht gut geht. Sie macht das Beste aus ihrer Situation und ich habe sie immer gerne um mich. Ich liebe die Gaby, weil an der nix Falsches dran ist.«

Anton Fuchs, Kölner Maler und Bildhauer

Künstlerfrühstück

Ich glaube, dass viele Menschen, die Ähnliches wie ich erlebt haben, sich zu sehr einbuddeln. Zu Hause einigeln. Das ist sehr schade, denn solange ich die Möglichkeit habe, sehe ich zu, dass ich regelmäßig vor die Tür komme. Das war nicht unbedingt immer so. Ich neige auch dazu, mich selbst zu limitieren. Dann spricht meine schlechte, ungehorsame Seite mit mir: Gaby, was willste denn draußen, du bist doch für alle bloß eine Belastung, du kannst doch nix richtig alleine. Und das geht mir gehörig auf den Sack, Herrschaften. Sich selber kleinzulabern, das ist keine gute Idee. Klar, wenn ich mich irgendwo verabrede und ich weiß nicht, wo das ist, ob es da Treppen gibt oder einen Aufzug … oder ob ich da mit dem Stock gehen kann, dann neige ich natürlich angesichts all dieser nicht vorhandenen Informationen schon vor dem Ausflug zu einer ordentlichen Schiss-Attacke. Will sagen: Ich habe ein mulmiges Gefühl und werde ängstlich. Was ich natürlich nicht will, denn die Angst wiederum verleitet mich dann doch eventuell dazu, meine Verabredung abzusagen. Also ich bringe es jetzt mal auf den Punkt: Jede Verabredung, jedes Date, jede noch so kleine Besorgung kostet mich eine Menge Mut. Aber es lohnt sich. Jedes Mal, wenn ich nach einem kleinen Solo-Ausflug wieder zu Hause bin, dann bin ich hinterher heidenfroh, dass ich es gemacht habe. Das ist gut für mein Selbstbewusstsein, das ist wichtig für die Überwindung des inneren Schweinehunds. Sich einfach selber etwas zutrauen ist eine Sache, es dann aber durchzuziehen noch wichtiger. Ich nenne solche Aktionen immer »Einzahlung auf das Konto Selbstständigkeit«.

Ganz viele Einzahlungen auf dieses sehr wichtige Konto verdanke ich meinem Cousin Gerd Köster, diesem wunderbaren Künstler und Menschen. Eines Tages erzählt er mir, dass er sehr gerne mittwochvormittags zum Künstlerfrühstück gehen würde. Und zwar im Atelier der Kölner Maler und Bildhauer Heike Haupt und Anton Fuchs. Anton und Heike sind echte Kölner Originale, die schon viele gemeinsame originelle Aktionen gemacht haben, oft auch für wohltätige Zwecke. Ihr wahrscheinlich bekanntestes gemeinsames Projekt ist: »Die Heinz Welt«. An 18 verschiedenen Stellen in Köln verteilt stehen Heinzelmännchen-Bronzestatuen, die die legendäre Geschichte der Kölner »Heinzelmännchen« aufgreifen, aber in einem modernen Kontext präsentiert. Da hat dann so ein Heinz schon mal ein Handy am Ohr oder badet in Kölnisch Wasser, ziemlich witzig und putzig gemacht.

Auf jeden Fall erzählte Gerd mir von dem Künstlerfrühstück im Atelier, von den Aktionen, die dort stattfinden oder bei diesen Treffen geplant werden. Und ob ich nicht einfach mal Lust hätte mitzukommen. Schließlich wären auch andere Künstler am Start, zum Beispiel Tommy Engel oder Caro Kebekus. Und das Wichtigste: »Das ist ganz lustig da!« Also habe ich nicht wirklich lange überlegen müssen und bin eines Tages einfach mal mitgekommen. Das war wirklich eine sehr gute Entscheidung. Die Atmosphäre dort ist wunderbar, warmherzig und menschlich. Wir sitzen zusammen, trinken Kaffee und reden über Gott und die Welt. Es werden gemeinsame Projekte ausgeheckt und Veranstaltungen geplant. Mein Cousin Gerd hat mit seinem langjährigen musikalischen Partner Frank Hocker dort ein Konzert zur Veröffentlichung ihrer neuen CD *Fremde Feddere* gegeben. Und ich habe meinen ersten *Sitcom*-Auftritt im Atelier gemacht, versteht sich von selbst. Auch meine Auftritte bei Tommy Engels jährlichen »Weihnachtsengel«-Konzerten haben ihren Ursprung beim Künstlerfrühstück. Deswegen bin ich sehr glücklich, dass ich meinen Weg zu diesen tollen Menschen gefunden habe. Das ist nun seit vielen Jahren eine wunderbare Konstante in meinem Leben, die ich nicht mehr missen möchte. Ein Stammtisch, der immer wieder für Überraschungen sorgt. Oder bei dem man auch einfach nur mal labern kann. Und das Beste ist: Ich kann da sogar ganz alleine hinfahren. Immer wenn ich da bin, dann rufe ich durch, und Anton fragt nur: »Bist du vor der Tür? Ich komme!« Und dann holt der mich immer am Auto ab. Ein Gentleman alter Schule, schön, dass es solche Männer noch gibt. Wobei ich dann gleich auch noch Hans-Peter erwähnen sollte, den ich auch im Atelier kennengelernt habe. Ein Freund von Anton und Heike und somit auch ein Freund von mir. Hans-Peter hilft mir gerne bei Sachen, die ich nicht so gut regeln kann – Reifenwechsel beim Auto und so ’n Driss. Da nehme ich seine Hilfe gerne in Anspruch und bin dankbar, dass ich das nicht auch noch selber machen muss.

Wenn ich hin und wieder darüber nachdenke, wie sehr sich meine Lebensfreude und Lebensqualität durch diese simple Aktion »ich gehe einfach mal mit Gerd zum Künstlerfrühstück« verbessert hat, dann könnte ich schreien vor Glück. So ein kleiner Schritt, ein bisschen Überwindung –

und dem gegenüber steht eine randvoll gefüllte Schatztruhe voller beseelter Erlebnisse. Herz, was willste mehr? Das ist genau das: »Einzahlungen auf das Konto Selbstständigkeit«. Ich fahre alleine dorthin, neue Freundschaften und Projekte entstehen und machen mich dadurch selbstständiger. Weil ich nicht zu Hause sitze und verkümmere. Sondern Menschen kennenlerne, Menschen, mit den ich dann rede und arbeite. Menschen, die sich gegenseitig zuhören und helfen. Das ist unbezahlbar, und ich genieße dieses Konstrukt in vollen Zügen.

Und sonst wäre ich ja auch nicht auf meine verrückte »Hennessine« gekommen: Der Anton kennt den Toni Schumacher, den ehemaligen Fußballnational-Torhüter und Vizepräsidenten des 1. FC Köln. Die hatten die Idee, dass Kölner Künstler das Maskottchen des Vereins, den Geißbock Hennes, als Kunststatue gestalten. Dann sollten die Viecher für einen guten Zweck versteigert werden. Das Geld sollte der Stiftung des 1.FC Köln zugutekommen, die sich um soziale Projekte für benachteiligte Kinder und Jugendliche kümmert. Es waren – soweit ich mich recht erinnere – 13 individuelle Kunst-Geißböcke. Von Romero Britto, HA Schult, Frank Schätzing und Tommy Engel, Carolin Kebekus und meiner Wenigkeit. Und natürlich von Heike Haupt, Anton Fuchs, Rainer Gross, Thomas Baumgärtel, Alexander Göttmann und Hans Christian Rüngeler. Und der Toni hat auch einen fabriziert.

Ich hatte natürlich keinen Bock, einen normalen Bock zu kreieren. Gerade weil es im Fußball ja doch sehr maskulin zugeht und der Frauenfußball eher ein Randdasein führt, dachte ich mir: Aus Hennes, dem ollen Bock, mache ich dann eben Hennessine, die lustige Ziege. Habe ihr einen Rock verpasst, der das Gehänge verdeckt, Lippenstift auf die Schnute gemalt und das ganze Tier weiblich freundlich angemalt. Herrlich! Die ganze Aktion hat über 100 000 Euro für die Stiftung eingebracht, da kann man ja wohl echt nicht meckern. Das ist viel Kohle, da kann man schon ordentlich was für auf die Beine stellen und helfen. Ich hatte jedenfalls einen Mörderspaß bei der Gestaltung meiner »Böckin«. Und wieder die Lektion gelernt – rausgehen, was erleben und Leute kennenlernen ist immens wichtig. Würde ich nur zu Hause rumsitzen … nicht auszudenken, Kinders. Was ich schon alles verpasst hätte. Mir schaudert's schon nur bei dem Gedanken. Ich danke dem Herrn und mir selbst, dass ich den Hintern hochbekommen habe und dafür belohnt worden bin.

Wobei ich aber auch fest glaube, dass das alles kein Zufall ist. Dinge passieren nicht einfach so, wenn man gelangweilt versucht, sich im Sessel den schwieligen Hornhaut-Krokant von den Arschbacken zu sitzen. Dinge kommen und geschehen, weil man aktiv etwas anstößt und mit offenem Geist durchs Leben geht. So schwer das auch manchmal fällt.

Dieses »Aktiv-sein«, vor die Tür gehen, raus aus dem Haus und was erleben, das ist natürlich auch einer der Hauptgründe. Weil es für mich nicht nur eine übliche Prominummer getreu dem Motto »ach ja, und dann habe ich ja noch die 3-Millionen-Villa auf Ibiza, aber da bin ich so gut wie nie, weil ich ja so wahnsinnig viel zu tun habe« ist. Geschissen, Kinders. Diese Leute mit ihren mondänen Schöner-Wohnen-Häusern, möglichst noch im angesagtesten Viertel, damit auch jeder sieht, was sie für 'ne dicke Nummer sind, das ist nicht meins. Soll ja auch von mir aus jeder halten und machen, wie er will, aber Ibiza ist für mich mehr als nur eine Insel gewesen, auf der ich ein altes

Haus besitze. Das ist schlicht und ergreifend meine Herzensheimat, meine Kraftstation und Ruhe-Oase in Personalunion.

Es ist und war schon schwierig genug für mich zu ertragen, dass ich nach dem drecksdrisseligen Schlaganfall nicht mehr so oft hinfliegen konnte, wie ich eigentlich gewollt hätte. Zum einen natürlich, weil ich mich bisher noch nicht getraut habe, alleine in dem Haus zu bleiben. Will sagen, ich war immer darauf angewiesen, dass einer meiner lieben Freundesmenschen Zeit hatte, mich zu begleiten. So langsam reift in mir der Gedanke, gestärkt durch meine zahlreichen Aktivitäten, auch dieses Tabu zu brechen. Aber ich überlege schon lange, das alte Holztor durch ein automatisches zu ersetzen. Was wirklich Sinn macht, denn selbst als »Gesunder« mit zwei Armen ist es immer eine Fummelei, das Dingens reibungslos zu betätigen. Und wenn ich dann noch ein Geländer am Gehweg hoch zum Haus installieren lasse, dann … dann … dann bräuchte ich nur noch den Restmut, um es alleine in dem Haus zu versuchen. Aber es gärt in mir, und vieles braucht seine Zeit. Gras wächst ja auch nicht schneller, wenn man dran zieht.

Viele dieser Überlegungen gibt es: Soll ich alleine nach Ibiza? Was wird aus mir zu Hause in Köln, wenn viele tägliche Dinge, die Donald, die Mum oder Freunde erledigt haben, zunehmend liegen bleiben, weil Don nicht da ist, meiner alten Mum die Kraft ausgeht oder Kumpels gerade keine Zeit haben? Dann heißt es: weiter drüber nachdenken, Gedanken reifen lassen und zur richtigen Zeit handeln. Vieles ist natürlich auch noch dringlicher geworden, nachdem der Herr Sohnemann das Nest Richtung Südamerika verlassen hat und ich schon merke, dass da jemand im Alltag nicht mehr da ist.

Aber eines nach dem anderen. Ich werde zumindest Ibiza nicht aufgeben, solange ich nicht muss. Also praktisch tot bin, um es mal Drama-Queen-mäßig zu sagen. Wirklich, Herrschaften, hörens: Ich liebe dieses Fleckchen Erde so dermaßen, dass ich sogar schon mal nach der Landung aus dem Flughafen rausmarschiert bin und erst mal den Boden geküsst habe. Halleluja! Jetzt denkt der eine oder andere sicher: Die Köster hat doch einen an der Schüssel! Dat is rischtisch, leeve Fründe! Ändert aber nix an der Tatsache, dass ich wie weiland der Papst Johannes Paul II. das Bedürfnis hatte, meinen heiligen Boden vor lauter Dankbarkeit zu knutschen. Mein Freund Till, der Herr Graf, meinte in der Vorbereitung zu diesem Buch, dass er mich nur einmal wirklich tiefenentspannt und in mir ruhend erlebt hat. Und, liebe Leser dieser wahrhaftigen Zeilen, wo war das? Genau. Natürlich auf Ibiza. Das war vor dem Schlag schon so und ist auch nachher unverändert geblieben. Es gibt keinen Ort auf der Welt, an dem ich besser schlafe. Egal, ob Gluthitze oder Kälte. Und das ist nicht selbstverständlich, Freunde der geschnarchten Schlafzimmerluft. Es gibt unter den Ibiza-Jüngern das viel diskutierte Phänomen, dass einige auf der Insel überhaupt nicht richtig pennen können. Und ich meine nicht die Pfeifen, die mit illegalen Muntermachern in der Blutbahn bis in den Morgen durchs »Pascha« raven, weil der DJ die Musik im Endlos-Loop laufen lässt. Nein! Ich habe in unzähligen, über zehn Jahre geführten Gesprächen festgestellt, dass es nur diese zwei Extreme zu geben scheint: Die einen schlafen hier wie in Abrahams Schoß, die anderen extrem unruhig und schlecht. Was für ein Geschenk, dass ich zu den ibizenkischen Siebenschläfern gehöre.

Als der Donald noch klein war, hat ihn mein langes Schlafen am Anfang total nervös gemacht. Das arme Kind kannte mich ja nur als seine hyperspraddelige Mutter, die ultraspät ins Bett geht und morgens früh wieder am Start ist. Aber dass ich bis mittags tief und fest dem Matratzenhorchdienst fröne, das war ihm am Anfang nicht ganz geheuer. Keine Ahnung, warum ich ausgerechnet an diesem Fleck der Erde so wunderbar bei mir bin. Aber wenn ich nur daran denke, dass die Sonne morgens durch mein Schlafzimmerfenster lünkert und ich die Glastür aufmache, um mich auf die kleine Terrasse zu setzen ... die erste Tasse Kaffee dazu ... dann kribbelt der ganze Körper vor Glück. Unbezahlbar, unverzichtbar. Okay, wenn ich mit dem Rolli auf die kleine Terrasse rolle und noch etwas schlaftrunken bin, dann muss ich aufpassen, dass ich rechtzeitig bremse – sonst geht es etwas abschüssig mit viel Schwung und Schmackes direkt in den kleinen Pool ... Das muss ja dann doch nicht sein, bei aller Liebe.

Während ich diese Zeilen schreibe, freue ich mich schon auf vier Wochen Ibiza-Urlaub, die vor mir liegen. So lange am Stück war ich schon seit Ewigkeiten nicht mehr da, unglaublich! Ich werde die Zeit genießen, alleine weil ich festgestellt habe, dass ich mittlerweile schon eine ganze Woche brauche, um richtig anzukommen. Ich hatte bei meinen Kurztrips in den letzten Jahren oft den Eindruck, dass mein kranker Schädel und die Seele noch hinterherfliegen, wenn ich schon ein paar Tage im Haus bin. Will sagen: Die richtige Erholung setzt bei mir mittlerweile erst nach einer Woche ein, dann kommt erst alles in Einklang mit dem Klima, der Luft und dem Geist des Hauses. Ich habe mir fest vorgenommen, schön auf der Terrasse zu malen. Alles, was ich dafür brauche, habe ich mir akribisch zusammengetragen. Leinwände auf Rollen, Farben, Pinsel – alles am Start. Und der Chino-Laden vor Ort vertickt sogar Keilrahmen und hat meist alles, was ich spontan noch kaufen will für diverse Projekte, auf Lager. Weil ich ja auch nicht die einzige Künstlerin auf Ibiza bin, die malt.

Sogar die Hunde werde ich dieses Mal zu Hause lassen. Zum einen, weil ich nach der Tour wirklich mal einen ganz tiefen und erholsamen Entspannungsurlaub brauche, zum anderen, weil die Hunde auch zur Ruhe kommen müssen. Die kleine Chica ist sowieso auf die Mum fixiert, Taxi und Urlaub sind zu alt. Ich lasse das Rudel lieber zu Hause bei der Mum, da können alle in ihrem gewohnten Trott bleiben. Zumal Chica sowieso kaum frisst, wenn sie Heimweh nach der Mum hat, das kennen wir schon. Dann muss man sie immer mit gekochtem Schinken ködern, damit sie überhaupt was zu sich nimmt. Das bringt nichts und ich kann mich dann auch besser erholen, als wenn ich die Tiere alle trösten muss.

Ja, und während ich das alles mal wieder so chaotisch aufschreibe, wie es mir einfällt, spüre ich genau: Es kommt der Tag, an dem ich beschließen werde, mal ganz alleine im Haus zu bleiben. Habe ich schon mal gesagt, dass ich Ziele brauche? Ich glaube, dass Menschen ohne Ziele hoffnungslos werden und verkümmern. Da habe ich keine Lust zu, das war noch nie eine Option für mich. Es gibt ein kleines Gedicht vom Till, das passt vielleicht ganz gut ans Ende dieses Kapitels:

Die Zeit heilt alle Wunden
und sie bemüht sich
Minuten, Stunden.
Und manchmal,
nach vielen Jahren
bleibt nur Erinnerung,

vielleicht der Schmerz
und Platz für neue Narben.

So isses, Kinders. Egal, was passiert ist: Ich will weiterleben und habe noch jede Menge Platz für Glück, Spaß, Hoffnung – und neue Narben.

»Was ich großartig an Gaby Köster finde, ist die Tatsache, dass sie so viel Liebe in sich trägt. Und Empathie. Sie ist Menschen und Tieren grundsätzlich erst einmal positiv zugetan. Wenn ich mit Gaby spreche, dann lautet der erste Satz immer: ›Schatz, wie geht es dir?‹ Und das ist keine Floskel, Gaby interessiert sich immer für mich und will wissen, was ich auf dem Herzen habe.
Was mich immer beeindruckt hat, war ihre Disziplin und ihr Fleiß. Wenn Gaby sich für ein Projekt entschieden hat, dann zieht sie das beinhart durch. Natürlich – wie bei jedem Menschen – gibt es auch bei Gaby mal ein ›Aber‹ – aber ihre Grundeinstellung ist durchweg positiv.«

Töne Stallmeyer, Geschäftsführer der Künstleragentur
Management Töne Stallmeyer GmbH

Taxi, Tod und Vorsorge

Wer mein *Schnupfen*-Buch gelesen hat, der weiß natürlich, dass es in diesem Kapitel – wenn von »Taxi« die Rede ist – nicht um dieselnde Beförderungsautomobile geht, deren wunderbar hässlicher Farbton »Hellelfenbein« genannt wird. Nein, es geht um meinen *Hund* Taxi, der wirklich nix mit der Farbe RAL 1015 zu tun hatte. Und auch nicht in einem Taxi geboren wurde oder einem dieser kauzigen, sympathischen oder unfreundlichen Droschkenkutscher gehört hat. Nein, nein, nein. Taxi war ein Macho-Hund aus Ibiza, einer dieser kleinen Mischlinge in Yorkshire-Größe, die man respektlos auch »Fußhupen« nennt. Was und wie viele Hunderassen da eigentlich vermischt wurden bei meinem geliebten Taxi – ich habe keine Ahnung! Auf jeden Fall war er zwar klein, aber ein stolzer Macho mit temperamentvollem Blut, olé!

Moment mal, stutzt jetzt der aufmerksame Leser … wieso »war«? Das kann ich euch leider sagen: Weil mein Taxi schon eine ganze Weile auf der Hundewiese im Himmel auf mich wartet, zusammen mit »Frau Doktor«, meinem weißen Schäferhund.

Aber eins nach dem anderen, Freunde der Rennschnecke.

Taxi war ein Scheidungshund. Er gehörte ursprünglich einem Kellner, der sich in einem ibizenkischen Touri-Hotel abgeschuftet hatte und deswegen irgendwann mitsamt Hund von seiner Gattin vor die Tür gesetzt wurde. Jetzt hatte der gute Mann natürlich überhaupt keine Zeit für einen kleinen Cojones-Macho wie Taxi und zankte sich permanent mit dem unterforderten, nach Aufmerksamkeit und Liebe heischenden Tier. Also hängte der Typ überall einen Zettel hin: »Hund abzugeben«. An Laternen, Schwarze Bretter in Supermercados und Gott sei Dank auch einen bei meinem spanischen Tierarzt. Und weil es wie gesagt keine Zufälle gibt: Ich wollte immer schon unbedingt einen Hund haben mit Namen *Taxi*. Das stellte ich mir total witzig vor: Durch die Gegend laufen oder im Garten stehen und laut »Taxi, Taxi« rufen, bis alle Nachbarn sich mal wieder verschwörerische Blicke der Sorte »jetzt isse völlig durchgeknallt, die Köster« zuwerfen würden! Herrlich. Und das Beste kam dann ja auch. Ich saß auf Ibiza beim Tierarzt mit Frau Doktor und sehe diesen Aushang: »Taxi, vier Jahre alter Mischlingsrüde, sucht einen neuen Besitzer und ein liebevolles Zuhause!« Bam! Da sage ich es doch gleich noch einmal – es gibt keine Zufälle! Ich also den Kellner angerufen und alles klargemacht. Und somit trat Taxi für die nächsten 14 Jahre in mein Leben. Am Anfang brauchte mein neuer Amigo eine ernsthafte Ansprache, dass er sich besser die rüpelhaften Machomanieren bei mir von der Backe putzen sollte, wenn er dauerhaft bleiben wollte, aber danach waren wir ein Herz und eine Seele, fürwahr. Temperamentvoll war er zwar weiterhin, aber er hatte von da an sehr gute Manieren. Taxi konnte so hoch springen wie ein Flummi, das war der Wahnsinn. Du hast nur »Taxi, hopp« gerufen, und eine Sekunde später saß der kleine Kerl auf meinem Arm. Aus dem Stand, mal eben so. Aus einem wilden Kerl wurde ein treuer, aufmerksamer Begleiter. Und später sogar ein Bodyguard, ein Bodyhund. Nach meinem Schlaganfall, als ich aus der Klinik wieder nach Hause kam, ließ mich Taxi nämlich nicht mehr aus den Augen. Wenn ich mich nachts auf die Toilette quälte, war er wie ein kleiner Securityhund an meiner Seite und legte sich nicht eher schlafen, bevor ich wieder ordnungsgemäß im Bett lag. Und das konnte echt dauern, Freunde der langen Leitung. Aber das war Taxi egal. Und wenn es noch so lange dauerte: Geduldig saß er an meiner Seite und ließ mich nicht aus seinen Augen. Der hat wahrscheinlich wirklich gedacht, »die kippt mir nicht noch mal im Badezimmer um«. Das Schreckliche war nur, dass der arme Kerl anderthalb Jahre später selber einen schlimmen Schlaganfall erlitten hat. Das war mir dann doch etwas zu viel Solidarität, ganz ehrlich. Der Kleine war auch halb gelähmt und schwer krank. Wir haben ihn dann mit Spritzen, Blutverdünner und anderen Medikamenten wieder ziemlich gut hinbekommen, aber es war schon ganz schön hart für das Tier. Er wollte immer aufstehen und seinen Job als mein Beschützer erledigen, aber das ging am Anfang natürlich nicht so, wie er sich das gedacht hatte. Erst nach einiger Behandlungszeit konnte Taxi wieder einigermaßen sicher aufstehen und laufen. Aber es kostete ihn viel Mühe und unglaublich viel Kraft. Einmal war ich oben im ersten Stock im Badezimmer und habe geduscht. Als ich mich selber mühsam aus der Dusche geschält und gedrechselt hatte, saß mein kleiner Aufpasser aus dem letzten Loch pfeifend vor der Badezimmertür, am ganzen Körper schlotternd vor Anstrengung. Wahnsinn, ein kleiner Hund mit Schlaganfallfolgen quält sich eine Treppe hoch, die er gesund im Flug hochgestürmt war, um auf seine ebenfalls durch den Schlaganfall gehbehinderte Freundin aufzupassen. Wenn das nicht irre ist, Kinders, dann weiß ich es auch nicht.

Was hatte dieser Hund für einen starken Willen und feinen Charakter. Er hing so an mir. Das Band der seelischen

Verbundenheit zwischen Taxi und mir war so eng geflochten, dass es mir schwerfällt, diese Liebe in angemessene Worte zu kleiden. Darum fiel es mir an seinem Lebensende sehr schwer, seinen körperlichen und geistigen Verfall zu ertragen. Taxi wurde dement, konnte so gut wie nichts mehr sehen und brauchte viel Pflege. Er vergaß zu essen und zu trinken, vergaß, wo seine Näpfe standen. Also musste ich ihn immer zum Essen bringen. Habe ihn mit der Nase ins Wasser gestupst, damit er mir ja nicht dehydrierte. Er lief in den Garten, um Pipi zu machen, und hatte aber schon im Garten angekommen vergessen, warum er eigentlich nach draußen gerannt war. Und pinkelte woanders hin. Stand vor der Wand und wusste nicht mehr, wo er war. Aber ich habe ihn »gefahren« und gepflegt, meinen kleinen Amigo mit dem Löwenherz. Habe ihn so lange mit nach Ibiza, in seine Heimat, genommen, wie es irgendwie nur ging. Weil er da so unglaublich glücklich war, auf der Insel. Verständlich, klar. Aber irgendwann war er dann gesundheitlich so angeschlagen, dass der Tierarzt davon abriet, den armen Hund in ein Flugzeug zu setzen. Da konnte er auch kaum noch alleine laufen, geschweige denn sicher auf seinen eigenen vier Pfoten stehen. Er saß tagsüber bei mir im Rolli und nachts lag er im Körbchen neben meinem Bett. Pflegeintensiv wie ein Säugling, aber das war mir ja egal. Hauptsache, wir hatten uns. Blöd nur, dass bekanntlich alles ein Ende hat.

Und Taxi hatte sich einen guten Plan für seinen Abgang zurechtgelegt. Ich war auf Ibiza, als Donald mich anrief und mir vorsichtig beibrachte, dass es Taxi nicht gut ging. Also noch schlechter als ohnehin schon. Ich war fix und fertig, denn ich wollte ja erst überhaupt gar nicht losfliegen, weil ich mich um das kranke, altersschwache Tier kümmern wollte. Aber der erste Teil der *Sitcom*-Tour war abgespielt und ich war selber ganz schön in der Uhr. Dazu hatte ich noch einer Freundin versprochen, dass wir zusammen fliegen, und dementsprechend fühlte ich mich auch verpflichtet, meine Zusage einzuhalten. Und die Mum wollte auch, dass ich mich ein bisschen erhole. So kam alles zusammen und ich flog doch los. Vorher hatte ich noch einmal lange mit Taxi gesprochen und ihn dringend gebeten, er möge die Welt bitte nicht verlassen, wenn ich nicht da bin, sondern unbedingt warten, bis ich wieder zu Hause wäre. Mit dem Gefühl bin ich losgeflogen. Klar, was passierte: Wir waren gerade ein paar Tage da, als das Kind mich anrief. Da war mir schon klar, dass etwas Ernstes passiert sein musste. Und so war es auch: »Gaby, Taxi geht es gar nicht gut. Wir rufen jetzt mal den Tierarzt an.«

Unser Tierarzt ist ein feiner Mensch und kommt immer zu mir nach Hause, wenn die Tiere ernsthaft krank sind. Und als er dann endlich da war, rief er mich an und bestätigte im resignierten Tonfall Donalds Vermutung: »Gaby, Taxi ist am Ende seiner Kräfte. Es geht nicht mehr. Wir sollten den armen Kerl jetzt friedlich gehen lassen, bevor es nur noch eine entsetzliche Qual für unseren Freund wird.« Ich habe dann gesagt, sie sollen mir kurz Bedenkzeit geben, ich würde gleich zurückrufen. Was auch Quark war, aber ich war einfach überfordert. Ich habe natürlich sofort gecheckt, ob ich unverzüglich zurückfliegen kann, aber es gab keine Flüge. Also rief ich zu Hause an und habe gesagt: »Okay, dann lassen wir ihn gehen. Ich bleibe am Telefon!« Und dann habe ich Donald noch gebeten, er möge bitte die Tür zum Garten aufmachen, wenn es so weit wäre, damit Taxis Seele ungestört fliegen kann. Mit einem großen Glas Hierbas habe ich mich auf die Terrasse gesetzt, ein Bild von Taxi aufgestellt und eine Kerze angezündet. Dann sagte der Tierarzt übers Telefon, dass er jetzt die Spritze setzen würde und dann … und dann verließ mein geliebter Freund und Beschützer seinen maroden Körper und war frei.

Ich habe seine sterblichen Überreste verbrannt und in eine einfache Holzkiste streuen lassen, denn er war ein einfacher Hund vom Campo, der braucht keine Bling-Bling-Urne. Diese Kiste steht an meinem Bett. Irgendwann, als er schon eine Woche tot war, ist mir dann auch klar geworden, dass er extra gegangen ist, als ich nicht da war. Weil er wusste, dass wir beide das sonst nicht hinkriegen und zu sehr aneinander klammern würden. Ach, Taxi, wahrscheinlich hattest du recht mit dieser Vermutung, mein Freund. Es war wohl besser so. Ich glaube ja sowieso, dass deine Seele immer noch bei mir ist und du weiterhin auf mich aufpasst. Denn von allen Hunden war dieser kleine, stolze Ibizenken-Macho mir am nächsten.

Natürlich habe ich auch schon von Taxi geträumt, so ähnlich wie ich damals im Koma von meinem Papa und meinem Hund Frau Doktor auf der Wiese im Himmel geträumt hatte. Seitdem bin ich mir sicher, dass Frau Doktor den kleinen Taxi abgeholt hat. Ich vermisse den Rabauken sehr, auch wenn die anderen Hunde versuchen, mich zu trösten und den Verlust zu kompensieren. Unser gefräßiger Labrador-Mischling *Urlaub*, der ja eine sehr tiefe Verbindung zu Donald hat und seit dessen Abreise jede Nacht auf Donalds altem T-Shirt schläft, ist mir auch nähergekommen. Und so rücken wir alle zusammen, wenn einer aus unserem Rudel fehlt oder gar nicht mehr zurückkommt.

Im Zuge von Taxis Tod ist mir natürlich mal wieder klar geworden, dass die nächsten Einschläge auch nicht gerade Lichtjahre entfernt sind. Bei den Tieren ist das so: *Bitte* ist 15, *Toffee* ist zehn und *Chica* sieben Jahre alt. Und *Urlaub*, der letzte Rüde, hat mit seinen 13 Jahren auch schon ein biblisches Alter erreicht. Will sagen: Der Schnitter, der Sensenmann, Gevatter Tod – wie immer wir ihn nennen wollen – klingelt bald wieder an, ob mir das passt oder nicht. Normale Härte, so ist der Deal. Wir werden geboren, Mensch oder Tier, und wir müssen sterben.

Und darum, Herrschaften, verschwende ich auch keine Zeit an den Tod. Ich sitze nicht in der Ecke und fürchte mich vor dem Tag, an dem der Nächste gehen muss. Das macht keinen Sinn. Ich wache lieber morgens auf und freue mich über jeden Tag, den ich mit den Tieren erleben darf. Bin extrem dankbar für diese Zeit. Alles andere ist mir zu negativ, zu ängstlich, und ich habe keine Lust, Zeit mit solchen Gedanken zu vertrödeln. Wahrscheinlich, weil ich selber weiß, dass sich alles von einem Moment zum anderen ändern kann. Ich weiß natürlich, dass meine Mutter, die Mum, auch nicht mehr die Fitteste ist. Die Knie sind lädiert, sie kann nicht mehr so wirbeln wie noch vor zehn Jahren, und das Leben hat seine Spuren hinterlassen, wie das nun mal so ist. Sie ärgert sich kaputt, dass sie nicht mehr so beweglich ist wie früher, und hadert mit dem Gedanken, ob eventuell eine Operation und neue Kniegelenke hilfreich sein könnten oder nur noch mehr Elend bringen. Sie hat mit vielen Betroffenen gesprochen, und die meisten haben gesagt, dass es nicht besser werden würde. Eine ist sogar neunzehnmal am Knie operiert worden, da hat die gute Mum natürlich gleich ’nen Horror gekriegt und meinte nur: »Wat ich jetzt hab, dat kenn ich, da kann ich mit umgehen!« Kann ich gut verstehen, so ’ne Operation ist ja auch mit 80 nicht mal eben so ’n Klacks, das will alles gut überlegt sein, und am Ende des Tages ist und bleibt es ihre Entscheidung.

Als ich mit Till im Vorfeld des Buches gesprochen habe,

stellte mir der Herr Graf natürlich pflichtschuldigst eine Frage, deren Beantwortung ich als einen meiner Hauptgründe für dieses Buch verstanden wissen möchte: »Gaby, hast du keine Angst vor dem Tag, an dem du eventuell ganz alleine auf dich gestellt bist? Wenn die Mum und die Tiere nicht mehr sind und Donald vielleicht irgendwo anders auf der Welt sein eigenes Leben führt? Willst du dich nicht schon mal darauf vorbereiten?«

Das ist so typisch Till, für den muss am liebsten immer alles »bekannt und berechenbar« sein. Oder wie sein bester Freund Hubertus immer sagt: »Till liebt Veränderungen, solange sich nichts verändert!« Und wenn sich etwas verändern muss, dann möchte der Graf am besten präzise vorbereitet sein. So war er schon, seit ich ihn kenne. Aber ich bin ganz anders, darum habe ich zu ihm gesagt: »Schatz, ich sage dir mal eins: Diese Fragen und guten Tipps, was ich machen soll, wenn ich ganz alleine bin, die machen mich irrsinnig traurig! Da habe ich keinen Bock drauf. Solange alle noch leben, finde ich es sogar fast ein bisschen respektlos, darüber nachzudenken. Ich bin Improvisation gewöhnt, mein ganzes Leben besteht aus Improvisation. Es wird sich dann schon ein guter Weg ergeben, da mache ich mir doch nicht jetzt den Kopf voll mit trüben Gedanken. Das macht mich wahnsinnig!«

Das ist nämlich verdammte Lebenszeit, die mir am Ende fehlen würde. Weil ich stundenlang darüber nachdenken würde, was sein könnte, »wenn«. Leute, da hat der gute John Lennon doch schon alles dazu gesagt: »Life is what happens to you while you're busy making other plans.« Das Leben passiert hier und jetzt, während du darüber brütest. Pass lieber auf, dass du keinen schönen Augenblick verpasst. Am Ende bereuen doch immer alle nur, was sie nicht getan haben, oder? Warum habe ich nicht die Welt bereist, keine Hunde gehabt, mich nicht mehr um meine Liebe gekümmert – weiß der Kuckuck, was noch eigentlich wichtiger gewesen wäre, als sich den Kopf darüber zu zerbrechen, was passiert, wenn uns morgen ein Ziegelstein auf die Rübe knallt. Ist doch wahr! Was als Nächstes kommt? Ich weiß es nicht, und ich will es auch gar nicht wissen – verstanden? Jeder Moment, in dem ich mir Sorgen mache, ist ein verschenkter Lebensmoment. Ich bin nicht der Typ für so etwas, dafür bin ich nicht geboren worden. Ich werde, solange ich lebe, versuchen, jeden Moment zu genießen.

Klar ist das schade, wenn ein geliebtes Tier stirbt … oder die Eltern … oder das Kind auszieht, in die große Welt hinaus. Aber ich versuche immer, das Positive zu sehen. An die Zeit zu denken, die ich mit den Liebsten verbringen durfte. Ich freue mich, wenn das Kind losgeht, denn Reisen bildet. Und Bildung ist wichtiger denn je in diesen durchgeknallten Zeiten.

Dass meine Mutter des Öfteren auch gerne mal pessimistisch vor sich hin murmelt, will ich gar nicht verschweigen. Ich habe sogar Verständnis für die Mum, die gehört eben noch zur Kriegsgeneration. Und was die erlebt haben nach 1945 – alles in Schutt und Asche, nix zu futtern, kein Geld und jede Menge Überlebenssorgen – da kann man praktisch gar nix dafür, dass man dann sicher etwas bereitwilliger an die Vorsorge für schlechte Zeiten denkt. Diese Generation ist mit Angst groß geworden, das kriegt man nicht mehr aus den Knochen.

Trotzdem: Die Mum ist die Mum und ich bin ich. Und die einzige Vorsorge, die ich für mich gelten lasse, ist: sich Erinnerungen zu schaffen. Und das geht nur, wenn man loszieht, was erlebt, etwas wagt. Ich bin kein Pessimist. Der Pessimist kann mich mal. Und wer mir immer nur sagt, »du solltest lieber dies tun und das lassen« – sorry, der soll einfach respektieren, dass das nicht mein Ding ist, mir irgendwelche Unglücksszenarien auszumalen. Mein Szenario ist: Am Arsch die Räuber! Dat Elend kommt von alleine, wenn es so weit ist.

Na klar, ich könnte meine Häuser barrierefrei gestalten. Treppenlift einbauen, den Führerschein dafür machen (hahaha!). Die Bäder alle begehbar machen, ohne Stufen und so weiter. In der Finca ist die Badewanne ein bisschen erhöht, das ist natürlich tricky und anstrengend für mich, aber ich schaffe es bis jetzt noch. Und solange ich es noch schaffe, bleibe ich stur. Das sage ich auch jedem, der mich danach fragt. Der drecksdrisselige Schlaganfall hat natürlich mein Leben verändert, aber nicht meine Immobilien. Es wird nur dann etwas umgebaut, wenn es nicht mehr anders geht, ich will nicht, dass das mein Leben bestimmt. Wenn es dann so weit ist, dass ich Sachen nicht mehr schaffe, dann habe ich mich wenigstens so lange bemüht, bis es nicht mehr ging. Und habe ein reines Gewissen.

Alle Schwierigkeiten wegzuräumen ist für mich kontraproduktiv, ich kenne mich. Ich brauche auch ein bisschen Verzweiflung und Wut als Antrieb. Wenn ich wütend bin, das bringt mich nach vorne. Das ist für mich wie ein Motor. Ich brülle und schimpfe dann gerne auch mal mit Duschtüren und verrosteten, verzogenen Toren, die ich nicht leicht mit einer Hand aufbekomme. Wenn das alles wegfallen würde, dann wäre ich ein leichtes Opfer der Bequemlichkeit, ich kenne mich doch. Darum ziehe ich lieber durch und fordere mich selber so lange heraus aus meiner Komfortzone, bis es nicht mehr geht.

Was ich dann mache, wenn mein Körper gar nicht mehr mitmacht, das werde ich ja sehen, wenn es so weit ist. Der Optimist, der ich sein will, dem fällt bestimmt etwas Sinnvolles ein. Hoffentlich. Vielleicht mache ich auch hier eine schöne WG auf, eine Alten-WG, dann holen wir uns einen knackigen Zivi und feiern Party. Wenn das keine gute Idee sein sollte, was ich mir im Augenblick gar nicht vorstellen kann, überlege ich mir eben flugs eine neue. Hoffentlich. Bestimmt.

»Ich mag besonders Gaby Kösters Willen, sich am Leben zu erfreuen, anstatt damit zu hadern, was das Schicksal ihr angetan hat. Ihre Lebensfreude imponiert mir sehr und sie ist für mich ein großes Vorbild, sich in schwierigen Situationen nicht hängen zu lassen. Gaby, das ist toll und deswegen schreibe ich Dir in dieses Buch: Dranbleiben, das Beste kommt noch!«

Atze Schröder, Comedian

Empathie, Colonie, Colonasta

Ich gehe wirklich gerne shoppen, zum Friseur oder sitze einfach so im Café mit einer schönen Tasse Bohnenkaffee. Und beobachte das Treiben um mich herum. Natürlich ziehe ich dann oft Leute an, weil die mich – speziell in meiner Heimatstadt Köln – erkennen und der Kölner als solcher ja nun auch ein geselliges, neugieriges Menschenexemplar ist. Das ist wunderbar und ich habe schon viele tolle Gespräche geführt, aber manchmal leider auch nicht. Ich glaube, viele Leute sehen in mir so eine Art Seelsorgerin, die erzählen mir freimütig ihren Kummer. Egal, ob ich helfen kann oder nicht – wobei mir schon klar ist, dass manche vom Schicksal gebeutelte Menschen manchmal einfach nur einen Menschen brauchen, der ihnen zuhört, der ihnen Aufmerksamkeit und Empathie schenkt. Das ist eine Erfahrung, die ich immer öfter mache: Empathie fehlt! Mitgefühl, Mitmenschlichkeit, das scheinen alles Tugenden zu sein, an denen es an allen Ecken und Enden mangelt.

Dazu aber später noch mehr, denn jetzt muss ich mich auch leider mal kurz aufregen über die Stussköppe, die in mir eher eine Telefonzelle sehen – denn anders kann ich mir nicht erklären, dass ich so gerne einseitig vollgequatscht werde.

Nach einem Auftritt, ich glaube, es war zur Mitte der

»*Sitcom*«-Tour, kommt ein Kerlchen zu mir und sagt: »Frau Köster, ich möchte Ihnen mal was sagen. Ich habe aufmerksam zugehört und verstehe ja Ihre Mitmenschlichkeit, aber in einigen Dingen bin ich nicht Ihrer Meinung.« Gut, dachte ich, ich habe ja auch gar nicht nach deiner Meinung gefragt. Aber es war mir nach seiner Einleitung schon klar, dass der werte Herr mir seine Ansichten auch ohne konkrete Nachfrage mitteilen wird. Und so war es auch. Es wurde etwas rumgedruckst, aber dann kam Monsieur zur Sache. Er »mache sich große Sorgen wegen der vielen Einwanderer«, das wäre ja alles »nicht ganz so einfach für unsere deutsche Leitkultur«.

Da war er natürlich bei mir an der richtigen Adresse. Ich sagte: »Hörens, ich bin es auch leid. Was soll denn das deiner Meinung nach sein, die deutsche Leitkultur? Tennissocken in Treckingsandalen? Auf Mallorca den Ballermann mit Sangriakotze pflastern? Ein Arschgeweih? Oder doch lieber was von Goethe? Was war das noch mal, Kollege? Werthers Echte oder Werthers Leiden, hilf mir mal aufs Sprungbrett! Oder lieber doch nur *Fack ju Göhte*!?«

Da war aber erst mal Ruhe im Karton, denn damit war Herr Leitkultur dann doch etwas überfordert. Aber ich hatte richtig Druck, und wo ich doch gerade so schön in Fahrt war, habe ich gleich nachgelegt. Wenn auch etwas überzogen, aber das ist nun auch mal mein Beruf, da machste nix: »Und noch was, Herr Kulturwart – ohne Einwanderer sieht es aber ganz schön mau aus mit der deutschen Hochkultur! Peter Maffay war ja auch nicht immer der deutsche Steppenwolf, sondern am Anfang seiner Karriere ein schüchternes Karpaten-Erdnuckel aus Rumänien! Rudi Carrell, der beliebteste ›deutsche Showmaster‹, stammte aus Holland! Karel Gott – die Prager Mehlschwitze mit der goldenen Stimme – was wären wir ohne unsere geliebten Einwanderer? Helene

Fischer kommt aus Sibirien – und das ist gut so!« Da war dann endlich Ruhe im Karton, und der Leitkultur-Oberaufseher verschwand endlich kleinlaut aus dem Theater. Natürlich weiß ich, dass ich etwas übers Ziel hinausgeschossen bin, aber gerade diese Anti-Einstellung verbunden mit so einer diffusen Deutschtümelei geht mir so richtig auf den Keks. Ich bin nun mal anders drauf, für mich sieht die Sache so aus: Alle Menschen sind Ausländer, fast überall. Und alle Rassisten sind Arschlöcher, überall. Punkt. Auch wenn ich jetzt wieder von Hölzken auf Stöcksken komme und eigentlich über was anderes schreiben wollte: Mich regt das einfach auf, wenn sich ein Politiker darüber mokiert, dass in Berliner Cafés angeblich zu viel Englisch gesprochen wird. Was ein lustiges Dreibein! Dass in einer Weltmetropole wie Berlin eben gerne auch mal Touristen, Studenten und Gastarbeiter aus aller Herren Länder sitzen und deshalb häufig Englisch zu hören ist – wen wundert das? Und dass Deutsch keine Weltsprache geworden ist, finden vielleicht ein paar extreme Rechtsausleger bedauerlich, ich aber nicht. Wenn wir so anfangen, wo soll das denn hinführen? Mal lustig gefragt: Ist eine Winterwanderjacke dann von »Hans Wolfshaut« statt von »Jack Wolfskin«? Wahrscheinlich sollten wir alle hierzu demnächst einen »Hirnsturm« machen, weil ihm »Brainstorming« zu englisch ist? Ich frage nur mal so, just for fun!

Aber bevor ich mich allerdings weiter verzettele … zurück zur Empathie!

Ein berühmter Mann hat mal gesagt (den googelt ihr mal schön selber, so viel Zeit muss sein): »Nach manchen Gesprächen mit Menschen hat man den Wunsch, einen Hund zu streicheln, einem Affen zuzulächeln und vor einem Elefanten den Hut zu ziehen.« Das isses doch, Kinders! Was stimmt denn mit so vielen Menschen nicht?

Fangen wir doch mal bei den Kindern an: Wie oft haben wir in den letzten Jahren gelesen, dass unsere Kinder keine Gefühle mehr für ihre Mitmenschen haben und wir uns eine Generation von seelenlosen U-Bahn-Schlägern herangezogen haben. Das wäre so, als ob wir die Spaghetti dafür verantwortlich machen würden, dass sie sich selber in eine miese Sauce gelegt haben. Ich bin selber Mutter und stehe immer noch auf dem Standpunkt: Was vorher nicht reingegeben wird, kann hinterher auch nicht rauskommen! Wer nicht einzahlt, kann nicht abheben! Wenn wir Erwachsenen uns nicht die Zeit nehmen und den Kindern Werte vermitteln wie Empathie, Hilfsbereitschaft, Mitgefühl, Respekt vor jedem Lebewesen – dann dürfen wir uns auch nicht wundern, wenn die Jugend von diesen Grundwerten der Menschlichkeit so viel Ahnung hat wie Micky Maus vom Ohrenanlegen! Da frage ich mich doch: Warum bekommen manche Menschen Kinder, wenn sie sich sowieso nicht um sie kümmern? Wegen dem Kindergeld? Weil es zum Leben dazugehört wie Heiraten, Haus bauen und ein Auto vor der Tür? Ich frage mich ernsthaft, wo das Verantwortungsbewusstsein der Menschen geblieben ist. Mir kommt es oft so vor, als ob viele Eltern der Ansicht sind: Benehmen und Sozialverhalten, das sollen die Erzieher und Pädagogen den Kids doch im Kindergarten beibringen! Denn wenn die Eltern abgekämpft von der Arbeit nach Hause kommen, dann sollen die Kinder keinen Stress machen und schön in der Spur laufen, weil alles andere nur nervt und anstrengend ist. Was ein Wahnsinn! Solche Werte muss man den Kindern vorleben! Wie sonst sollen die das denn lernen?

Und jetzt ergreife ich mal noch mehr Partei für die Kids:

Seit Jahren hören wir ja außerdem sehr viel Gemecker, dass die Jugend nur noch im Internet abhängt, vor der Playstation sitzt, ständig aufs Handydisplay glotzt und alle nix Ordentliches werden wollen, außer Instagram-Influencer oder Castingshow-Stars. Kann ja sein, an so einem Vorurteil ist ja immer ein Körnchen Wahrheit dran, und vielleicht trifft das auch auf viele Jugendliche zu. Nur – wenn sie dann mal was tun und sich engagieren, dann ist es auch nicht richtig! Dann wird auch wieder nur von allen neunmalklugen Erwachsenen gemeckert! Stichwörter: #fridaysforfuture, Greta Thunberg! Was habe ich mir schon für wütende Hassreden anhören müssen, nur weil ich gesagt habe, dass ich das gut finde, wenn die Kids für die Rettung der Erde auf die Straße gehen: »Die haben es gerade nötig, lassen sich von uns überall hinkutschieren und beschweren sich jetzt über meinen teuren Diesel! Die sollen mal lieber in der Schule aufpassen und nicht jede Woche schwänzen! Die sind noch nicht trocken hinter den Ohren, haben eh keine Ahnung, aber spucken ihr Kaugummi auf den Bürgersteig …!«

Kann ja sein, ist mir aber wurscht. Seit wann muss ein 16-jähriger klüger, heiliger, durchdachter und vernünftiger als ein Erwachsener sein? Haben die meisten Alten, die sich da so wichtig echauffieren, eigentlich vergessen, was für einen Stuss sie teilweise in dem Alter von sich gegeben haben? Also, ich war mit 16 noch an ganz anderen Dingen interessiert, aber bestimmt nicht am Klima, an der Erderwärmung und dem gigantischen Plastikmüllteppich in unseren Ozeanen! Oder wie ein Freund neulich so schön sagte: »Mit 16 war ich hauptsächlich daran interessiert, nicht zur Schule zu gehen, in der Spielothek zu flippern und abends beim Musikmachen oder -hören viel Marihuana zu rauchen!« Da sollten wir doch alle verdammt noch mal froh sein, dass die #fridaysforfuture-Kids sich für etwas Sinnvolles einsetzen. Und was Greta angeht: Warum muss man eine Jugendliche so anfeinden und verhetzen? Was für ein negatives Lebensgefühl muss man haben, um so viel Galle über eine junge Frau mit einem hehren Ziel auszuspeien? Ich verstehe das nicht. Ich frage mich stattdessen:

Was sollen denn bitteschön diese klugen und empathischen Kinder von uns, den erwachsenen Eltern, Lehrern und Politikern denken? Wie kann eine Regierung es zulassen, dass Müll und Plastik in die Meere geschüttet werden? Dass Wasserquellen in Afrika von großen Lebensmittelkonzernen aufgekauft werden, damit die arme Bevölkerung sie dann von diesen Halsabschneidern wieder zurückkaufen muss? Dass Tiere für hemmungslosen Fleischkonsum unerträgliches Leid ertragen müssen? Ich kann es einfach nicht begreifen und schäme mich sehr dafür. Wir Erwachsenen hinterlassen den Kids einen ökologischen Sauhaufen und sollten – anstatt über ihren Protest zu meckern – lieber dafür sorgen, dass diese Kinder eine lebenswerte Zukunft haben.

Oder: Was früher die ehrgeizigen Eiskunstlauf-/Fußballeltern waren, sind heute die Eltern, die aus ihren Teenies Castingshow-Stars machen wollen … die meisten sind ja doch nur Kanonenfutter für »DSDS«, »Germany's Next Top Model«, »The Voice«, »The Voice Kids« und weiß der Kuckuck noch was. Und selbst wenn sie mal ganz ordentlich singen können – werden sie doch nach Strich und Faden veräppelt … mal ganz im Ernst, was willst du denn von denen lernen? Wie man im Karneval als tätowierter Cowboy rumläuft? Oder wie man als finnische Saunaheulboje wie ein erkälteter Bau-Staubsauger klingt? Und bei »DSDS« ist es ja noch schlimmer! Was da alles in der Jury saß. Schrecklich.

Gaby und Anna Schudt am Set von
»Ein Schnupfen hätte auch gereicht«
// © privat

Gaby, Anna und der Emmy am Times Square // © privat

Mit Manager Jonas Wagner am Times Square // © privat

Heike Haupt und Anton Fuchs in ihrem Atelier // © Csaba Peter Rakoczy

Einziger weiblicher Geißbock namens Hennessine à la Gaby Köster // © privat

Heinz Glück (made by Heike Haupt/ www.caputart) auf Ibiza // © privat

Familie Köster auf Gabys Ausstellung // © privat

Die Mum hat einen Kater // © privat

Gabys Ibiza-Freunde Isy und Andy
// © privat

Gaby, Freundin Uschi und
Franziska Traub (Gisy) // © privat

Unterstützung für das größte Tierheim Rumäniens // © privat

Ohrring oder Schlüsselanhänger? // © privat

»Taxis« letzter Besuch zu Hause auf Ibiza // © privat

Labrador »Urlaub« schläft immer auf Donalds T-Shirt // © privat

Gaby Köster und Till Hoheneder // © Stephan Pick

Aber was ist die Alternative? Neue Unternehmer und neue Ideen braucht das Land. Wenn ich auf Tournee durch die Fußgängerzonen der Republik schaue, dann sehe ich nur: der hundertste 1-Euro-Shop, das fünfzigste Sonnenstudio von Graf Sonnenstich, jede Menge Tattoo-Studios, das ultimative Nagelstudio und der allerneueste Beauty- und Wellnesssalon … Nein, meine lieben Freunde, das kann es nicht sein.

Ich setze auf Greta und die #fridaysforfuture-Generation. Ich hoffe, dass diese Jugendlichen sich nicht nur für das Klima einsetzen, für eine lebenswerte Umwelt, sondern auch nach neuen Ideen suchen, um das Ganze wirtschaftlich umzusetzen. Neue Beförderungskonzepte, Energie-Alternativen, Wohnungsbaumaßnahmen – dafür brauchen wir eine Generation, die nicht nur an den großen Profit denkt, sondern auch an den Benefit für alle. Dafür braucht man Empathie, Mitmenschlichkeit, Verantwortung und Solidarität. Und das müssen wir Erwachsenen den Kindern beibringen, vorleben – da sind wir gefragt, das müssen wir endlich mal liefern.

»Gaby Köster habe ich persönlich mit der Überschrift ›Naturgewalt‹ versehen. Vor der Krankheit sowieso, nach der Krankheit allerdings noch mehr. Als ich Gaby zum ersten Mal live im Kölner E-Werk erlebt habe – diese große, gewaltige, wahnsinnig lustige und laute Frau –, ich kann es nicht anders beschreiben, es war einfach wie eine Naturgewalt, die über mich kam. Wir sind beide Schützen und völlig unprätentiöse ›Stars‹, das verbindet uns sehr in unserer Freundschaft. Ich kenne keinen empathischeren Menschen als Frau Köster. Gaby hat ihren Humor nie verloren, das ist wirklich bewundernswert angesichts ihres Schicksals. Kleines Beispiel: Als sie aus dem Koma erwacht war und gerade wieder ein bisschen sprechen konnte, da fragte ich sie am Telefon in hilfloser Schusseligkeit: ›Was machst du denn gerade?‹. Und während ich noch dachte: Mensch, Krüger, was für 'ne doofe Frage!, da antwortete sie schon: ›Ich bin gleich auf dem Weg zum Geldautomaten …!‹ Hammer, oder?«

Mike Krüger, Musiker, Schauspieler und Comedian

Shoppen im Rollstuhl

Liebe Menschen, ich muss mit euch jetzt mal etwas besprechen, das eigentlich nur eine Minderheit betrifft. Ich finde aber, alle sollten es wissen: Auch ein behinderter Mensch muss mal einkaufen, das ist aber nicht so einfach. Ich möchte mal zwei Beispiele schildern, die mir in Köln passiert sind. Zur ersten Story muss ich sagen, dass der entsprechende Herr in einem Geländewagen für die Stadt unterwegs war, den ich stellvertretend für alle einfach mal Porschip Cayal Q5 nennen möchte, ich denke, da haben wir viele dieser Stadtförsterkutschen mit abgedeckt. Ich war also mit einer Freundin in meinem Auto unterwegs. Dann passierte Folgendes:

Beim Einbiegen in die Straße mit den Behindertenparkplätzen sah ich schon von Weitem seinen Porschip Cayal Q5 umständlich vor- und zurücksetzen! Am Steuer saß Hugo Boss persönlich, ein Mittfünfziger im sportlichen Polohemd über dem kleinen Wohlstandsbauch. Weil sein Auto natürlich einen Wendekreis hatte wie eine Ostseefähre, versuchte Herr Boss mühsam, seine Mini-Aida irgendwie in die Parklücke zu zirkeln, und kurbelte dabei am Lenkrad, als ob er das Dingen viermal um die eigene Achse drehen wollte. Ich war schon etwas angesickt, weil unserem Förster scheinbar ein wichtiges Detail bezüglich seiner Wunschparklücke entgangen war. Also fuhr ich neben seinen kleinen Braunkohlebagger und wies ihn darauf hin, dass es sich bei dem Parkplatz seiner Wahl um einen der Behindertenparkplätze handelte! Fairerweise muss ich allerdings sagen: Um nicht einen einzelnen Behinderten zu diskriminieren, hatte Herr Boss mit seinen nicht vorhandenen Einparkfähigkeiten gleich alle zwei nebeneinanderliegenden Parkplätze blockiert. Somit waren in seinen Augen wahrscheinlich alle *gleich schlecht* behandelt worden!

Während ich immer noch lautstark versuchte, Monsieur darüber aufzuklären, dass er weder hier noch so parken konnte, drehte er mir plötzlich – wahrscheinlich folgte er der ungewohnt lauten Schallquelle – sein Gesicht zu, und ich muss zugeben: Ich war für einen Moment echt fasziniert. Um es freundlich auszudrücken: Ich schaute in eine trostlose Gesichtslandschaft mit vielen großen Fragezeichen auf der Stirn und interpretierte diese als leichte Behinderung, allerdings nicht im Geläuf. Denn Hugo Boss stiefelte umständlich aus seinem Porschip Cayal Q5 und schnauzte mich unfreundlich an, ich sollte mal runterkommen, er würde ja schließlich eben nur was abholen wollen und wäre gleich wieder weg!

Herrschaften, ich kann das nicht mehr hören. Diese ganzen Leute, die auf Behindertenparkplätzen parken, weil sie »nur eben was abgeben oder abholen« wollen. Was wollen die denn abholen? Was haben sie denn abgegeben – ihr Gehirn? Wahrscheinlich, sonst würden sie ja nicht auf dem Behindertenparkplatz parken, auch nicht für fünf Minuten. Weil wir Behinderten diese Plätze nämlich brauchen, verdammt noch mal. Wenn wir keinen Platz finden, ist es gut möglich, dass der geplante Shopping-Ausflug, Arztbesuch oder Kinoabend ausfällt. Und das Elend hört ja nicht bei der Parkplatzsuche auf. Nein, wenn du erst mal im Rollstuhl sitzt und losfährst, kann es passieren, dass es dann erst richtig losgeht. Ich kann jedem, der das jetzt liest und vor sich hin grummelt, »was hat 'se denn, die Frau Köster, ist doch alles so behindertenfreundlich heutzutage?«, nur empfehlen, den nächsten Einkauf in der City mal mit dem Rolli zu machen. Ich komme gerne mit und verleihe meinen auch! Hauptsache, diese Menschen begreifen dann mal am eigenen Leib, was das eigentlich bedeutet. Somit komme ich zur zweiten Geschichte.

Wir, also meine Freundin und ich, ließen Hugo Boss und seinen Porschip Cayal Q5 hinter uns und fuhren an jenem Tag noch drei Runden um den Block. Glücklicherweise fanden wir einen anderen Platz und zogen, nachdem der Rolli aus dem Auto gehievt und aufgestellt war, endlich los. Ich musste flott mal eben zu einer Boutique, das Übliche: ein paar Shirts und Socken kaufen. Hört sich leichter an, als es war. Um in den Laden hereinzukommen, brauchte ich nämlich einen hilfsbereiten Begleiter, denn kaum ein Mensch hält einem mal eben die Türe auf. Aber Gott sei Dank war ja meine Freundin dabei. Als ich drin war, musste ich feststellen: Auch in dem Laden waren die Gänge furchtbar eng, an einem normalen Nachmittag kommt man kaum durch und fühlt sich wie eingekesselt. Leider befanden sich die Shirts ganz hinten. Wir suchten nach Modellen und Größen, das Modell hatten wir schnell gefunden, nur die passende Größe leider nicht. Damit ich nicht nutzlos dabei rumsaß, wollte ich meiner Freundin helfen und rollte etwas in den Gang zurück. Keine gute Idee, denn dabei verhedderte ich mich in einem Kleiderständer und einem Aufsteller für Socken und Unterhosen. Ich versuchte, mich zu drehen und alles zu entwirren, und riss dabei die T-Shirts von den Kleiderkarussells. Die fielen daraufhin auf den Boden und dekorierten meine Schultern und mein Gesicht. Irgendwann, meine Freundin hatte aufgrund ihrer intensiven Suche gar nichts von meinem Stunt mitbekommen, hatte ich mich wieder befreit, alles aufgehoben und richtig wieder hingestellt. Dabei war mir muckelig warm geworden, und obwohl meine Freundin inzwischen die Shirts in der richtigen Größe gefunden hatte, wollte ich nur noch raus aus der Enge an die frische Luft. Dabei kam ich an dem Kassenlabyrinth vorbei, und das gab mir den Rest, als ich sah, wie voll es da war. Wenn nicht meine Freundin dabei gewesen wäre und sich für mich angestellt hätte, dann wären die Shirts im Laden geblieben.

Es ist sicher schon vieles besser geworden für Rollstuhlfahrer und Behinderte, ich will nicht nur meckern. Aber das reicht noch nicht, Herrschaften. Bürgersteigkanten, enge Gänge in den Läden oder an den Kassen – das sind ernst zu nehmende Hindernisse. Und ich ärgere mich auch so oft, dass wir auf Hilfe angewiesen sind. Weil die nämlich nicht selbstverständlich stattfindet, sondern eingefordert werden muss. Wie oft ich schon zähneknirschend zum Bittsteller geworden bin, weil der Rest meiner Mitmenschen nur auf sich selbst achtet und nicht auf Rentner mit Rollatoren, Mütter mit Kinderwägen oder mich im Rollstuhl. Und ja – Gott sei Dank gibt es aber auch viele, die ein gutes Auge haben, freundlich, zuvorkommend und hilfsbereit sind. Aber es wäre toll, wenn es noch mehr Menschen von dieser Sorte geben würde. Wenn die Shop-Planer und Inneneinrichter auch daran denken würden, dass diese Leute auch Klamotten brauchen – und dafür etwas mehr Platz für ihre »Gefährte«, Rampen, Aufzüge, große Toiletten und vor allem Hilfsbereitschaft. Das ist mir besonders letztes Jahr in der Weihnachtszeit klar geworden, als ich auf die glorreiche Idee kam, mich mal auf 'ne gepflegte Tasse Glühwein in das besinnliche Getümmel zu stürzen … ha, besinnliches Getümmel ist gut!

Da fiel mir gleich wieder ein, dass ein schlaues Köpfchen mal gesagt hat: »Weihnachten ist keine Jahreszeit oder ein Zeitpunkt – es ist eine Gefühlslage.« Das gefällt mir, seeeeehr richtig! Es geht um Gefühle, um Liebe, um Empathie. Obwohl ich mich natürlich frage, ob angesichts der ganzen Beziehungsdramen gerade an Weihnachten sich so manche überforderte Frau fragen sollte: »Was soll ich noch einen Esel für die Krippe suchen, wenn der doch sowieso das ganze Jahr neben mir schläft! Und mich nicht auf Händen trägt, wie sich das für einen liebenden Mann gehört, und zwar nicht nur an Weihnachten!« Wer jetzt Tierfreund ist, dem kann der Festtagsbraten natürlich auch gar nicht recht sein, denn es ist nicht gerade wahrscheinlich, dass Tausende von Gänsen im Bräter Weihnachten als Erlösung sehen. Aber um auf Shopping und Weihnachtsmarktbesuche zurückzukommen, stellt sich mir die wichtigste Frage wie folgt dar: Warum feiern wir eigentlich immer dann Weihnachten, wenn die Geschäfte und die Städte rappelvoll sind? Und je irrer das jedes Jahr wird mit dem Trubel, den Mega-Geschenken und dem ganzen drisseligen Konsumterror, desto mieser wird meine Gefühlslage!

Als ich mich also letztes Jahr in das Abenteuer Weihnachtsmarkt mit dem Rolli stürzte, merkte ich ziemlich schnell: Wer hier auf besinnliche Stimmung hofft, der kann genauso gut am Ballermann nach intelligentem Leben suchen! Statt Gemütlichkeit und besinnlicher Stimmung mit freundlichen Menschen waren überall nur drängelnde, meckernde Menschen, blinkende Karussells, kreischende Kinder und müde Handyhüllen- und Tigerhandtuchverkäufer um mich herum.

Und diese »Buden«, was man da alles kaufen konnte … oder anders gefragt: Was bitte schön hat ein thailändischer Tattoo-Stand auf einem ordentlichen Weihnachtsmarkt zu suchen? Was soll ich mir denn da Weihnachtliches eingravieren lassen? Das Krippenspiel als Arschgeweih? Die Heiligen Drei Könige als Musical-Darsteller? Ich war echt frustriert. Herrschaften, ich bin nun wirklich kein spießiger Weihnachtsengel, aber auf einem Weihnachtsmarkt, da möchte ich schöne Tannenbäume, Kerzen und handgeschnitzte Lichterbogen aus dem Erzgebirge sehen und nicht alle vier Meter einen Imbissstand, wo die Bratwurst von Verkäuferinnen mit Nikolausmütze serviert wird! Und unter Räuchermännchen verstehe ich noch echte Handwerkskunst, aber nicht die Shisha-Bude von Bong24-dotcom! Die qualmten alles im Umkreis von 15 Metern zu. Wenn ich Nebelscheinwerfer am Rolli gehabt hätte – ich hätte sie eingeschaltet, ich sah die eigene Hand nicht vor den Augen. Der Geruch von dem süßlichen HubbaBubba-Kraut vermischte sich sehr unschön mit dem Fettgestank der diversen Krapfen- und Backfischbuden, es war kaum zum Aushalten. Die Krönung dazu war allerdings die – ich weiß wirklich nicht, ob ich *Musik* sagen soll – akustische Belästigung durch diverse »Weihnachtslieder«. Von wegen Chöre oder Blockflötenklänge vom St. Agnes-Kinderchor – nein, es waren hauptsächlich die Ballermann-Weihnachtshits vom Wendler oder Wolle Petry in einer Endlosschleife zu hören. Wahnsinn. Ich fühlte mich wie in einem schlechten Film.

Und wo ich gerade so schön in Fahrt bin … da muss ich mal eben noch was kurz loswerden, wo wir schon mal beim Thema Weihnachten sind: Leute, was soll denn eigentlich dieses komische Wichteln? Das hab ich noch nie verstanden. Ich und zehn andere Kollegen kaufen ein Geschenk, man weiß aber nicht, wer es am Ende kriegt, weil, es kommt ja alles in den dicken Topf, wird einmal umgerührt, dann verlost, und am Ende ziehen alle ein dummes Gesicht – wo ist der Sinn? Immerhin verstehe ich, warum sich keiner zu seinem Mist-Geschenk bekennt … was da für ein Schrott oft dabei ist: selbst gehäkelte Toilettensitzbezüge, Boris Beckers Biografie, selbst eine alte Bananenschale wird einem wahrscheinlich noch als Top-iPhone-Hülle untergejubelt. Wichteln. Wenn du mich fragst, dann ist das ein getarnter Sperrmülltausch. Und das an Weihnachten, wo man doch einfach nur Freude schenken soll … und Liebe! Aber da merke ich immer weniger von. Stattdessen wird konsumiert und gefuttert ohne Ende. Ich war mal bei einem Freund eingeladen, da hat die ganze Familie reingehauen, als wenn sie seit letztem Weihnachten nix mehr gehabt hätten. Vor dem Essen: Nüsse, Lebkuchen, Pralinen, Christstollen … dann Suppe, Braten, Klöße, Kartoffeln, Rotkohl, Herrencreme, Zimtstrudel, Bowle, Krim-Sekt … um halb zwölf hatte die komplette Familie die Jahresration von *Brot für die Welt* alleine aufgefuttert! Hallo? Weihnachten ist doch kein Wettfressen! Der Stall in Bethlehem war doch auch kein Drive-in! Da stand der Ochse *neben* der Krippe und rotierte nicht am Spieß! Aber nein, es wird in deutschen Wohnzimmern gemampft, bis es wieder heißt: Papa hat zu Weihnachten einen Hula-Hoop-Reifen bekommen – und der passt wie angegossen. Was hat das alles noch mit Weihnachten zu tun? Der Weihnachtsmarkt jedenfalls nicht viel. Und ganz ehrlich – ein Autoskooter auf dem Weihnachtsmarkt wird auch nicht festlicher, wenn man 'ne Lichterkette ums Lenkrad bindet und Schneeketten aufzieht! Nach einer halben Stunde hatte ich genug von dem ganzen Irrenhaus. Und auch hier machte ich wieder dieselben Erfahrungen wie beim Shopping als Rolli-Fahrerin: Hätte ich eine Hupe am Rollstuhl, käme ich trotzdem kaum vorwärts, da ich eine Hand immer auf derselbigen hätte! Die wenigsten achten auf Rollstuhlfahrer, überall muss man »Kann ich bitte mal da durch?« fragen! Und wenn mich einer anspricht, dann gerne auch sehr oft so, als ob ich nicht alle Tassen im Schrank hätte. Überbetont laut und langsam. Ich weiß nicht, ob diese Menschen die Erfahrung gemacht haben, dass die meisten Rollstuhlfahrer debile Hirntote sind, oder wie darf ich mir erklären, dass man oft wie ein dreijähriges Kind angebrüllt wird? Hörens, viele haben es nur am Bein und nicht im Kopf. Bitte, Kinders: Sprecht Behinderte und Kranke ganz normal an, es gibt ja erst mal keinen Grund, laut zu werden oder zu vermuten, dass Menschen dumm sind, nur weil sie im Rollstuhl sitzen, an Krücken laufen oder einen Rollator benutzen. Wir haben zwar Probleme mit der Motorik, aber nicht mit dem Denken. Im Gegenteil: Not macht ja erfinderisch. Wenn ich zum Beispiel alleine zu Hause bin, dann ist einer meiner wichtigsten Gegenstände der Nussknacker. Aber nicht dass jetzt irgendeiner denkt, ich hätte so 'nen MacGyver-Nussknacker oder ein James-Bond-Modell, das Herrn 007 persönlich vom Quartiersmeister Q überreicht wurde und gleichzeitig ein Torpedo, Fußnagelknipser und zusammengefalteter Fallschirm mit Rettungsschwimminsel ist. Nein, es handelt sich um einen stinknormalen, seit Jahrzehnten unverändert hergestellten Nussknacker. Aber ich benutze ihn für alle möglichen Sachen: Wenn eine dieser PET-Flaschen zu fest zugemacht wurde, dann klemme ich sie mir irgendwo an der Küchenwandecke mit dem Rolli oder meinem gesunden Fuß fest und mache mir mit dem Nussknacker das widerspenstige Teil auf: Knacker um den Verschluss, energisch zupacken und dann aufdrehen. Hebelwirkung! Das klappt natürlich auch mit einer Rohrzange, aber die habe ich selbst nach langer Suche in meinem Chaos nicht gefunden. Vorsicht, macht das bitte nicht mit Glasflaschen! Aber Farbtuben und alles, was nicht splittern kann, geht wunderbar mit meinem Nussknacker auf. Ich sage es ja gerne noch mal – ich habe es im Arm und im Bein, aber nicht im Kopf. Und darum meine Bitte an euch Schätze da draußen: Behandelt Menschen – egal ob im Rollstuhl, am Rollator, an Krücken … doch einfach alle gleich freundlich und normal.

Apropos »freundlich« und »normal«: Wenn wir schon gerade beim Thema Einkaufen sind – dann möchte ich an dieser Stelle einfach mal loswerden, dass diese zwei Adjektive kaum noch anzutreffen sind bei einer bestimmten Spezies: der Miederfachverkäuferin, der BH-Expertin oder wie immer man auch diese Fachkräfte zur artgerechten Verpackung der weiblichen Brüste nennen will. Und ich frage mich jedes Mal, wenn ich wieder losziehen muss, um mir einen neuen BH zu kaufen: Werde ich dieses Mal Glück haben und eine liebevolle Verkäuferin finden? Abgesehen davon, dass ich es eh wirklich schrecklich finde, mir eine Triumph-Edelzwille zu besorgen, nervt mich zusätzlich noch die seltsame Tatsache, dass die Teile anscheinend grundsätzlich immer nur im Winter kaputtgehen! Weil man natürlich eingepackt ist wie Reinhold Messner am Nanga Parbat, weil es draußen kalt ist, und dann in der kleinen Umkleidekabine anfängt zu schwitzen, wenn man sich die ganzen Plünnen wieder mühsam vom Körper schälen muss. Da läuft mir jedes Mal vor lauter Anstrengung der Rheinfall von Schaffhausen durch den Klempnerpfirsich, das ist nicht schön. Aber, liebe Freunde des gepflegten Spitzenkörbchens – nutzt ja alles nix mit dem Meckern, weil kaputt ist kaputt. Und hängen lassen, das wisst ihr ja, ist nun mal nicht mein Ding, da mache ich auch bei meinen Brüsten keine Ausnahme.

Also ziehe ich zerknirscht los, zu einem von diesen riesigen Dessous-Läden in der Größe von einem fünfstöckigen Parkhaus. Und finde mich wieder in einer klitzekleinen Umkleidekabine von der Größe einer Europalette, in der ich mich kaum umdrehen kann, ohne das ganze Kämmerlein halb abzureißen. Habe ich schon gesagt, dass es mir immer warm wird in diesen Umkleidekabinen?

Gut, denn es war auch letztes Mal viel zu warm. Wenn die ganze Kabine ein Römertopf gewesen wäre, dann hätte ich in meinem eigenen Bratensaft geschmort. Und damit aber auch gar keine irgendwie geartete Gemütlichkeit aufkam, hatten die Geschäftsführer des Miederbunkers gefühlt neun Trillionen Watt Neonröhren an die Decke getackert und an allen drei Wänden überdimensionale Ganzkörperspiegel installiert, damit ich meinen maroden Körper ungefähr fünftausendmal sehen konnte.

Ich weiß nicht, ob die männlichen Leser das nachvollziehen können: Wenn mich eins wirklich nervt ohne Ende, dann ist das ein BH, der scheiße sitzt. Denn ein BH, der schlecht sitzt, macht nur Ärger. Da wird mal schnell aus einem durchschnittlich begabten B-Körbchen ein Doppel-D-Körbchen, aber leider eher nach innen, sodass man kaum Luft bekommt und im Zuge dessen auch nur sehr undeutlich sprechen kann. Jetzt kommt noch Physik dazu … das heißt: Was gequetscht und eingepackt wird, das kann ja nicht so einfach weg. Es kann also nicht weg, aber irgendwo muss es doch hin? Richtig, also quillt es hinten und an der Seite wieder raus und plötzlich habe ich einen Teil meines Busens unterm Arm in der Achselhöhle. Fatal. Das Ganze sieht aus, als hätte man zwei Dönertaschen von Bofrost im

Schwitzkasten. Das ist nicht schön, sondern eher suboptimal.

Jetzt fragt sich wahrscheinlich so manche meiner Leserinnen, wie man denn überhaupt einen BH zumacht, wenn die linke Hand nachhaltig jeden Bewegungsbefehl verweigert? Das kann ich gerne verraten, Kinders. Ich mache den vor dem Anziehen zu und steige dann in den Halter ein wie in eine Hose. Dann Arme durch und hochziehen, is klar. Und aufpassen, dass nix verdreht ist, sonst gibt's nach einiger Zeit Aua!

Jetzt stand ich da also in dem viel zu kleinen, überhellen und brutal heißen Kabuff mit einem schlecht sitzenden BH und war schon unglücklich genug – da hörte ich zu meinem Entsetzen die Miederwarenfachverkäuferin im Stechschritt auf die Kabine zukommen! Eine gefühlte Sekunde später schob sie ruckartig den Vorhang zur Seite und schrie mir mit der Lautstärke eines startenden russischen Militärflugzeugs ins Ohr: »Und, Frau Köster? Passt der?«

Ich antwortete etwas verunsichert und versuchte, mich gleichzeitig mit dem gesunden Arm irgendwie würdevoll zu bedecken: »Neee, ich komm mir 'n bisschen vor wie Queen Lisbett im Stringtanga. Ich glaube, der sitzt nicht so dolle!«

Das ließ sich meine hilfsbereite Fachkraft nicht zweimal sagen und sprang kurzentschlossen zu mir direkt in die Kabine. Das Nächste, was ich ziemlich entsetzt registrierte, war die Tatsache, dass sie mir relativ unbekümmert mit ihren perfekt manikürten French Nails direkt an die Moppen ging und resolut alles wieder in den BH stopfte, was vorher rausgeguckt hatte. Während ich noch still überlegte, ob ich laut Hilfe schreien sollte, betrachtete Madame ihr Werk und meinte wohlwollend: »So, Frau Köster, da haben wir doch noch alles reinjekriegt! War viel Arbeit, aber et jeht doch.

Sitzt, passt, wackelt und hat Luft.« Unglaublich. So was macht nur eine Miederwarenfachverkäuferin ungestraft. Also, liebe Dreibeiner, merkt euch das: Wenn wir Frauen einen neuen BH haben, dann ist das leider viel zu oft das Ergebnis von stundenlanger Pein, und zwar körperlicher und seelischer. Manchmal kann man aber auch Glück haben, dann kaufe ich einfach aus Verzweiflung einen BH ohne Anprobe und der passt wie angegossen. Wenn ich mich dann aber später noch erinnern kann, wo ich den gekauft habe, und ich das nächste Mal gleich 20 davon kaufen will … dann gibt es den nicht mehr. Murphy's Law, oder? Egal.

Jetzt muss ich aber auch mal ehrlich zugeben: Wenn mir manchmal der ganze Hassel mit dem Rollstuhl, Auto oder was auch immer zu viel wird, dann kaufe ich auch sehr gerne mal digital ein. Im Internet. Und ja, ich liebe Amazon, auch wenn Jeff Bezos' kleiner Krämerladen nicht immer der moralischsten einer ist. Aber für Menschen, die zu Fuß nicht mehr so richtig können und auch nicht in der Lage sind, permanent andere mit ihren Besorgungen einzuspannen, ist Amazon schon klasse. Weil das so total einfach und bequem ist. Einfach in die Suchleiste tippen, was gebraucht wird, und los geht's. Wobei ich manchmal schon sehr überrascht bin, was da Skurriles passieren kann! Kleiner Tipp, Herrschaften: Ich brauchte mal eine neue Bohrmaschine und habe – weil ich nun mal lärmempfindlich bin – als Suchbegriff ›Leise Bohrmaschine‹ eingegeben. Da war die Freude aber groß! Anstatt dezent hämmernder Hochleistungsbohrmaschinen wurden mir sage und schreibe 317 Vorschläge für batteriebetriebene Dildos angezeigt. Da war ich doch erstaunt, vor allem, dass es so viele unterschiedliche Freudenbringer gibt. Die nächsten Stunden waren auf jeden Fall nicht langweilig, mein lieber Scholli. Alleine die Beschreibungen dieser Liebesbrummer, die Fragen und Testberichte haben mich derartig aufgeputscht, als ob ich einen Wassertank Espresso getrunken hätte. Lustig und anregend, so kann man sich einen regnerischen Sonntag mal vertreiben.

Wem fällt zum Beispiel so was ein? In der Produktbeschreibung des ›G-Punkt-Kaninchen-Zauberstabs‹ aus China heißt es ausdrucksstark: »Sie absolut machen ein Sturzbach mit starken Gefühl, die sie zu orgasmic nichtig Sekundenbruchteilen.« Wunderbar, das ist Poesie in Zeiten des Google Translators. Was ja unter anderem bedeutet, dass ich am nächsten Tag das Bestellte auf dem Tisch haben sollte. Weil ich »Prime« angekreuzt habe und dafür extra bezahle. Leider habe ich am nächsten Tag nix auf dem Tisch, sondern oft nur eine blöde Karte im Briefkasten: »Haben Sie nicht angetroffen«. Das erinnert mich immer an Kinder, die früher gerne »Klingelmäuschen« gespielt haben – bei Leuten geklingelt haben und dann schnell weggerannt sind. Ich glaube, die arbeiten heute alle bei den großen Paketzustellern. Besonders liebe ich die Hermes-Jungs. Ich bin mir ziemlich sicher: Die einzige Einstellungsbedingung bei Hermes ist, dass man die 100 Meter in unter zehn Sekunden läuft. Aber Spaß beiseite! Mittlerweile weiß man ja auch, dass die Paketzusteller oft mies bezahlt werden, teilweise zig Überstunden kloppen und manche sogar fast in ihrem Sprinter-Kleinlaster hausen. Weil keiner mehr den Hintern hochkriegt und alle im Netz bestellen. Deswegen sehe ich zu, dass ich vor die Tür komme und, wenn es geht, meine Besorgungen vor Ort erledige.

Und das, ihr lieben Menschen, geht jetzt noch viel einfacher und besser. Und das kam so: Vor ungefähr zwei Wochen rief mich Jonas, mein Manager, an und fragte mich, ob er sich mal kurz meinen Renault Kangoo ausleihen könnte, da er etwas Großes zu seinen Schwiegereltern transportieren müsse. Natürlich habe ich Ja gesagt, genau für solche Aktionen habe ich die alte Mühle ja noch vor der Haustür stehen. Gesagt, getan. Der gute Jonas holte sich vormittags den Autoschlüssel bei mir ab und verschwand mit meinem treuen Lastenesel. Ein paar Stunden später, gegen Spätnachmittag, klingelte es und Jonas stand vor der Türe und grinste noch breiter als das viel zitierte Honigkuchenpferd. Er trat einen Schritt zur Seite und gab somit den Blick frei auf einen Elektroscooterrollstuhl! Ich war platt wie ein Schnitzel und dachte, ich krieg vor lauter Aufregung direkt einen Herzklappenabriss. Ich freute mich wie bekloppt und herzte den lachenden Jonas immer wieder: »Für mich? Waaaahnsinn, ja spinnst du denn? Ist der wirklich für mich? Du Wahnsinniger! Du Schatz!« Ich kriegte mich echt nicht mehr ein; es war wie Weihnachten und Ostern an einem Tag. Ganz klar, die flotte Kiste musste natürlich sofort auf der Straße vor meinem Haus ausprobiert werden. Zu meiner Überraschung klappte es auf Anhieb ganz gut und alles funktionierte hervorragend. Jonas lachte happy angesichts meiner Freude: »Jetzt kannst du bei dem tollen Wetter doch auch mal alleine raus!«

Wie wahr – und ich genieße es sehr, neuerdings schon zum Frühstück eine kleine Ausfahrt in mein Lieblingscafé zu machen – und nicht nur das, ich kann jetzt auch ganz alleine zum Einkaufen fahren, weil mein flotter Feger mich überall hinbringt. Das war die Idee des Jahrhunderts, lieber Jonas! Wo ich früher noch genau abwägen musste, ob ich mit dem Auto fahre, ob ich einen Parkplatz vor der Tür bekomme oder ob ich mit dem normalen Rolli noch Hunderte Meter ackern muss, weil nix frei war … das alles entfällt jetzt! Grandios, und nicht nur im Sommer! Ich bin so glücklich, dass ich es kaum beschreiben kann, es fühlt sich fast so wahnsinnig an wie in New York.

Da ist sie wieder, die Lebensfreude, um die sich einfach alles dreht! Da möchte ich euch wieder einmal sagen: Nichts im Leben ist so beschissen, dass man nicht doch noch etwas Tolles daraus machen kann! Und noch etwas, liebe Freunde der ungewollten Hilfslosigkeit! Wir können einiges rocken, auch wenn es manchmal harte Brocken sind, die im Weg liegen. Das Ziel ist im Weg, ihr Lieben! Seid mutig und kreativ, unsere Situation ist nicht ausweglos und außerdem finde ich es furchtbar, ewig aufzuzählen, was alles nicht mehr geht! Was geht, ist doch viel wichtiger. Guckt nach vorne und seid dankbar für alles, was ihr noch selber erreichen könnt.

Überhaupt – dankbar sein finde ich im Übrigen sehr wichtig. Und Dankbarkeit kommt leider viel zu sehr aus der Mode. Ich jedenfalls bin sehr dankbar für jede Minute, die ich bei Sinnen auf diesem Planeten wandeln darf. Dankbar für die einzigartigen Menschen, die mich umgeben und die ich meine Freunde nennen darf! Leute, wie ihr sicherlich merkt, ich bin an dieser Stelle des Buches aber mal so was von total gerührt, dass ich mich nicht mehr einkriege. Aber das ist ja das Schöne: ab und zu total geflasht und unendlich dankbar zu sein für alles, was ich erleben darf. Und sei es »nur« für ein Elektroscootermobil.

Ich habe das gute Stück *Feger* genannt, oder alternativ mein »Gabymobil«. Habe ich eigentlich schon gesagt, wie geil das Teil ist? Bequemer Sitz, Elektromotor, relativ wendig und 15 km/h schnell – was für eine geniale Erfindung. Schon die erste Fahrt ins Eiscafé war der Hammer. Noch etwas ungeschickt versuchte ich, an einem Tisch zu parken, was mir nicht so recht gelang. Stattdessen schob ich ein paar Tische und Stühle lautstark beim Rangieren zusammen und lockte so den Italiener hinter seiner Eistheke hervor. »Was soll das werden?« Ich habe nur gelacht und »Entschuldigung, ich übe noch« gesagt. Da hat dann auch der Eismann gelacht.

Und noch etwas möchte ich zu meinen Ausflügen mit dem Gabymobil berichten, ihr Schätze: Der Deutsche als solcher ist ja nicht unbedingt für sein sonniges Gemüt und verbindliche Freundlichkeit bekannt, deswegen habe ich mir vorgenommen, mit meinen bescheidenen Möglichkeiten dagegen anzugehen. Weil ich eben so glücklich mit meinem Teil durch Köln gefahren bin, habe ich andauernd gegrinst und wildfremde Menschen angelacht! Ich habe gewinkt und gegrüßt, was das sichere Lenken hergab, und dachte mir nur: interessant! Viele waren zuerst total überfordert, ja fast schockiert von so viel Freude und wurden aber nach der ersten Verdutztheit direkt fröhlicher. Und dann haben die meisten auch zurückgegrüßt, das fand ich dann wiederum ausgesprochen amüsant und lustig. Komisch ist, dass ich – wenn ich mir es genau überlege – das eigentlich gar nicht anders kenne. Das wurde mir als Kind nämlich so beigebracht, dass man Menschen, die einem entgegenkommen, einfach grüßt. Das macht die Welt nicht nur entschieden freundlicher. Nein, es hat noch einen weiteren Vorteil: Beim griesgrämigen Gucken spannt man viel mehr Muskeln im Gesicht an, und somit entstehen diese hässlichen Furchen und Falten, die sich viele dann mit Botox für teuer Geld wieder aus dem Gesicht bügeln lassen. Die Kohle kann man sich prima sparen, wenn man einfach freundlich guckt, ist doch der Wahnsinn, oder? Und man selber ist einfach auch viel besser drauf.

Mensch, Kinders, manchmal kann es echt so einfach sein. Abgesehen davon stelle ich fest, dass, wenn ich unterwegs bin und mal Hilfe brauche, doch entgegen allen Redens und aller Miesmacherei seitens der Medien wirklich sehr viele nette und hilfsbereite Menschen unterwegs sind! Es kommt eben nur darauf an, wie man auf sie zugeht – oder rollt. Der Ton macht die Musik, wie es in den Wald hineinschallt, so schallt es auch heraus, wer ficken will, muss freundlich sein – alle diese sogenannten Volksweisheiten haben eben doch einen wahren Kern. Ich bin schon leicht sauer auf mich. Verdammte Hacke, ich Trottel! Ich hätte seit Jahren noch mehr unternehmen und besser drauf sein können, wenn ich mir schon eher so 'n Elektroscootermobil besorgt hätte. Aber irgendwie hatte ich da wohl eine komplette Blockade. Wahrscheinlich, weil man diese Mobile meistens nur mit alten, tattrigen Senioren in Verbindung bringt. So nach dem Motto: »Wenn nix mehr geht, packen wir den sabbernden Hinke-Rentner in seinen Elektrostuhl, und fertig!« Was ein Quatsch eigentlich, vor allem, weil man natürlich auch nicht zu tattrig sein darf, sonst kann man mit den Viechern ja gar nicht richtig umgehen. Denn soooo langsam sind 15 Kilometer pro Stunde auch nicht, liebe Freunde des gepflegten Kavalierstarts. Und klar, teuer sind sie auch. Aber die Dinger gibt es gebraucht ja auch zu kaufen … und, Leute, es lohnt sich! Macht bitte bloß nicht denselben Fehler wie ich und versperrt euch den Weg zur Mobilität und Freude durch Vorurteile! Ich war ja echt schon gut unterwegs, aber mit dem Gabymobil fühle ich mich noch freier und näher am Leben. Einfach rauf auf den Bock, ab ins Café oder zum Supermarkt. Selber Sachen erledigen, selbstständig und ohne andauernd irgendjemand bitten zu müssen! Großartig, das war mal wieder eine Rieseneinzahlung auf das Konto Lebensqualität. Und jetzt muss ich an dieser Stelle meinem Manager Jonas danken! Jonas, du Schatz! Tausend Dank für diese wundervolle Idee und verzeihe mir, dass ich da nicht selber draufgekommen bin. Manchmal sieht man eben vor lauter Bäumen den Wald nicht mehr, isso! Aber wie sagte schon der werte Kollege Torsten Sträter: »Es ist nie zu spät, unpünktlich zu sein.« Ich freue mich jetzt schon auf die schönen Ausflüge, die ich in Zukunft unternehmen werde. Das Beste kommt noch, ich sage es ja immer wieder.

» ›Schatz, erst mal 'n Käffchen?‹ Seit Jahr und Tag empfängt mich Gaby immer mit diesen Worten. Und sie sagt diesen Satz natürlich fürsorglich, einladend, warmherzig und immer freundlich. Wenn ich Gaby Köster mit drei Worten beschreiben sollte, dann wären das wahrscheinlich ›chaotisch‹, ›kreativ‹ und vor allem ein ›Riesenherz‹! Aber Chaos und Kreativität scheinen bei Gaby eine geradezu magische Allianz eingegangen zu sein. Denn erst aus dieser Allianz resultieren Ideen und Sprüche, wie sie nur von Gaby kommen können und die wir alle so lieben. Ihre schonungslose Offenheit kommt dabei aber immer von Herzen und ist nie bewusst verletzend. Und trotz ihres Schlaganfalls und den damit verbundenen Einschränkungen gilt ihr erster Gedanke nach wie vor immer erst den anderen, dann ihr selbst! ›Schatz, erst mal 'n Käffchen?‹ Immer gerne, liebe Gaby!«

Jonas Wagner, Gabys Manager, der mit seinem Bruder
Töne Stallmeyer die Künstleragentur
MTS GmbH leitet.

Love me Tinder

Wer bis hierhin tapfer gelesen hat, der könnte vielleicht jetzt kurz innehalten und nachdenklich zu sich sagen: »Schön, dass es der Frau Köster nicht an guter Hoffnung und Optimismus mangelt! Lebensfreude, Lebensqualität, nicht aufgeben – alles schön und gut, aber das klingt mir doch alles ein bisschen zu aufgesetzt fröhlich! Wenn ich so ein Päckchen zu tragen hätte, dann wäre ich aber auch oft so richtig scheiße drauf, aber so richtig! Davon habe ich aber hier noch nichts gelesen!?«

Was soll ich dazu sagen beziehungsweise schreiben? Natürlich gibt es Tage, an denen ich schlechte Laune habe und mit meinem maroden Körper hadere. An denen es mich mehr als nur nervt, dass der bescheuerte linke Arm seinen Dienst verweigert, der blöde Sack. Tage, an denen ich meine Spiegel im Haus am liebsten abhängen würde, weil ich mich nicht sehen will. Tage, an denen ich mich müde und abgekämpft fühle. Wo mir schon der Anblick des Rollstuhls den letzten Rest guter Laune verhagelt. Und der Optimismus-Tank schon tief auf Reserve steht. Aber – und jetzt kommt mein Aber – wem geht das nicht so? Dafür brauchte ich keinen Schlaganfall, solche Tage habe ich auch im kompletten Gesundzustand erlebt. Nicht falsch verstehen, ich will das hier gar nicht weglabern: Selbstverständlich gibt es

Tage, an denen mir speziell meine körperliche Behinderung schwer aufs Gemüt drückt, alles andere wäre ja wohl auch ziemlich unglaubwürdig.

Jeder, der sich mal den Finger geprellt hat, in den Daumen geschnitten oder den Arm gebrochen hat, wird festgestellt haben, wie man gerade im Alltag permanent mit der Nase darauf gestoßen wird, dass ein wichtiges Körperteil nicht funktioniert. Flaschen auf- und zudrehen, Wäsche aufhängen, schwere Sachen tragen – ich könnte hier ein ganzes Kapitel vollmachen nur mit Haushaltstätigkeiten, die schwer mit einem Arm zu erledigen sind. Und wenn dann noch – wie in meinem Fall – das linke Bein nur sehr schwer und unwillig mitläuft, dann kann jeder bestimmt gut erahnen, wie nervig das schon an guten Tagen ist. Ich werde mich nie daran gewöhnen.

Und an schlechten, depressiven Tagen bin ich natürlich die Erste, die sich selber zuruft: »Köster, geh mir nicht auf den Keks mit deinem Zweckoptimismus und deinem Lebensfreude-Gelaber, heute ist scheiße. Punkt.« Tja, manchmal muss ich mich eben auch im Dreck suhlen, das gehört dazu. Wo Licht ist, da ist auch Schatten. Wo positive Gedanken sind, da lauern die negativen nicht weit entfernt, ob krank oder gesund. Deswegen möchte ich in diesem Kapitel auf ein brisantes Thema eingehen, bei dem ich zwischen Optimismus und Depression hin- und hergerissen werde, was ich aber eben auf keinen Fall verschweigen möchte. Denn ich glaube, dass das vielen so geht, und dieses Buch soll den Menschen, die Ähnliches erlebt haben oder erleben, ja auch das Gefühl geben, dass sie nicht alleine auf der Welt sind mit ihrem Schicksal.

Es geht um Männer. Dreibeiner, wie ich sie ja auch gerne nenne. Wer bi- oder homosexuell ist, der braucht sich auch nicht ausgeschlossen zu fühlen, weil das egal ist. Ich bin sexuell eben an Männern interessiert, und darum schreibe ich natürlich darüber. Was ich erlebt habe, kann der geneigte Leser natürlich auch mit Frauen und Männern oder wie auch immer erlebt haben. Natürlich bin ich nicht nur an Sex interessiert, sondern an dem ganzen Paket einer Beziehung: Liebe, Freundschaft, Geborgenheit undsoweiterundsofort … Will sagen: Im Winter hätte ich gerne was zum Kuscheln, im Sommer hätte ich gerne was zum Knallen. Sonne macht rösig, das weiß doch jeder. Liebe im Sommer, das ist doch das Schönste, was es gibt. Es ist warm, man ist aktiv, sieht viel Haut an seinem Liebsten, und schon steigt das Barometer der schönen Lustgefühle. Dumm nur, wenn man so wie ich keinen hat, an dem man diese wunderbaren Gefühle auslassen kann. Woran das liegt?

Da mache ich mir nur sehr wenig vor: Ich bin Mitte 50 und habe eine Behinderung. Das Alter und die Folgen des drecksdrisseligen Schlaganfalls haben ihre Spuren hinterlassen. Gesicht, Körper, das ganze Programm – wem geht das letztendlich nicht so? Bei mir kommt eben noch erschwerend hinzu, dass mein toter linker Arm und mein halb totes linkes Bein meine Attraktivität nicht gerade erhöhen – von andren Sachen will ich gar nicht erst anfangen, ich muss ja potenzielle Bewerber nicht schon im Vorfeld abschrecken. Dass ich immer noch prominent bin, lasse ich jetzt mal der Einfachheit halber auch noch unter den Tisch fallen.

Zusammenfassend und sehr simpel gesagt: Ich bin in meinem Zustand schwer vermittelbar. Und kam bislang ja auch nicht oft vor die Türe, es sei denn, wenn ich zur Arbeit fuhr, auf Tournee war oder sonstige Termine hatte. Wenn das nicht der Fall war, dann kann sich ja jeder leicht vorstellen, dass ich nicht am späten Abend noch in irgendeiner Diskothek oder Hipster-Bar rumgelungert habe, um ein paar schnuckelige Männer aufzufordern, mich in meinem schicken Rollstuhl nach Hause zu schieben, um mit mir dort mal einen ordentlichen Matratzen-Stresstest durchzuführen. Das war ja selbst im gesunden Körperzustand nicht gerade meine Kernkompetenz.

Dass allerdings ein brauchbares Dreibein nicht durch den Kamin gefallen kommt, dürfte dem geneigten Leser auch hinlänglich bekannt sein. Was könnte also die Suche nach Mr. Right erheblich erleichtern? Und wenn ich erheblich schreibe, dann meine ich auch erheblich. Keine langwierigen Dates mit aufwendigem Kennenlernen, vorsichtigem Herantasten und schüchternen Kussversuchen. Nein, dachte ich mir … es darf bei gegenseitigem Gefallen ruhig auch mal etwas beherzter und unkompliziert zur Sache gehen. Ich will ja nicht immer nur ein aufwendiges Fünf-Gänge-Menü mit allem Pipapo genüsslich zelebrieren, sondern auch gerne mal Fast Food verputzen und dabei richtig kleckern. Und ruck, zuck, nachdem ich mal mit einer Freundin über dieses Thema gesprochen hatte, bekam ich von selbiger auch einen heißen Tipp: Es gebe doch jetzt »Tinder«! Das wäre eine Dating-App, die ich mir unbedingt aufs Handy laden sollte. Da könnte man Männer kennenlernen, die ähnlich robuste Vorstellungen hätten. Tinder heißt ja auf Deutsch Zunder, und daran kann man schon gut sehen, worum es beim Tindern geht: nämlich schnell und heftig in Flammen stehen. Für alle, denen immer noch das Fragezeichen auf der Stirn steht, kommt jetzt die seriöse Definition aus dem Internet, dann braucht ihr das nicht zu googeln:

»Tinder ist eine Dating-App, die das Kennenlernen von Menschen in der näheren Umgebung erleichtern will. Sie wird zur Anbahnung von Flirts, von lockeren Bekanntschaften oder zur gemeinsamen Verabredung von unverbindlichem Geschlechtsverkehr verwendet.«

Die App funktioniert wie folgt: Nutzer können die Profilfotos und die dazugehörigen Infos von anderen Nutzern in ihrer Nähe ansehen. Gefällt jemandem eine Person, »wischt« er das Profilbild auf dem Handy-Display nach rechts. Gefällt sie ihm nicht, wischt er das Profilbild entsprechend nach links. Wenn zwei Nutzer ihre Fotos gegenseitig nach rechts gewischt haben, entsteht ein sogenanntes »Match«. Dann kann der jeweilige Nutzer fortan mit dieser Person über einen Chat kommunizieren und ein Treffen vereinbaren.

So weit, so gut. Ich war erst mal angetan von dem unkomplizierten System: gefällt mir und »Kuckuck!«, gefällt mir nicht und »Tschö mit ö«! Also habe ich mir die App runtergeladen, mich ordnungsgemäß angemeldet und zügig losgelegt. So bin ich nun mal: Wenn ich begeistert bin, dann gibt es kein Halten. Und was soll ich sagen: Da waren durchaus ein paar brauchbare, meinem optischen Geschmack entsprechende Dreibeiner dabei, die ich also fleißig nach rechts »gewischt« habe.

Ich werde jetzt hier natürlich keine Namen nennen, aber die ein oder andere Begebenheit im Zusammenhang mit dieser Tinder-App möchte ich euch nicht verschweigen. Manche waren lustig, manche nett. Oder auch peinlich, sonderbar und ziemlich uncharmant. Es war alles dabei, das kann ich nicht anders sagen. Da ich mir die App damals auf Ibiza runtergeladen hatte, war mein erstes Tinder-Date auch gleich auf der Insel.

Das erste Match war ein sehr netter Franzose, der zu der Zeit auf Ibiza lebte. Er hatte in Ibiza-Stadt ein Geschäft und in den französischen Alpen einen Wintersportbetrieb, seine Familie war zu der Zeit gerade im Wintersportbetrieb zur Closing Party, daher fühlte er sich auf der Insel wohl etwas einsam. Da muss ich gleich mal einhaken: Ich habe mir natürlich auch vorher bewusst gemacht, dass diese ganze Tinder-Geschichte nicht unbedingt nach gängigen Moralvorstellungen abläuft. Oder wie Till sarkastisch sagen würde: »Moral ist doch nur eine Frage des Blutdrucks.«

Wenn man nur unverheiratete und ungebundene Singles daten möchte, dann ist Tinder definitiv der falsche Spielplatz, Herrschaften. Dort findet man eher genug Leute, die auf ein Abenteuer aus sind oder von der sexuellen Situation in ihrer Beziehung genervt sind. Und anstatt aufwendig fremdzugehen, kann man eben »zack-wisch-bumms« ein schnelles Date klar machen und relativ unverblümt zur Sache kommen. Zurück zu meinem ersten Match: Wir trafen uns in einem Café, quatschten ein bisschen und fanden uns auch ziemlich sympathisch. Aber mehr stand nicht zur Debatte. Die Unterhaltung verlief in mehrsprachigen Brocken, ein Gemisch aus Englisch (ich liebe es, wenn Franzosen englisch sprechen), Spanisch und Französisch, alles in allem sehr lustig, aber ohne sexuelle Attraktion. Immerhin, wir sind noch heute sporadisch in Kontakt und schreiben uns gelegentlich. Keine schlechte Bilanz für das erste Match, aber auch nicht gerade verheißungsvoll. Denn wenn ich ehrlich bin: Ich hätte ja nichts dagegen gehabt, wenn das Love Boat der Sünde ohne viel Umschweife abgelegt hätte … und zwar mit mir an Bord!

Mein nächster Kandidat war auch sehr lustig, es ging mir aber leider zu sehr in Richtung »bizarr« – der Typ schlug doch tatsächlich vor, dass wir uns ja direkt treffen könnten, allerdings käme seine Frau aber auch mit, die »sei nämlich ein Riesenfan von mir«! Achduliebescheiße! Ich war leicht verstört und dachte mir nur: Das will ich aber auf keinen Fall! Wo sollte das denn hinführen? Zum lustigen Dreier mit Ringelpiez und Anfassen? Als der Tuppes dann noch meinte, ich sollte seiner Frau um Gottes willen nicht sagen, dass wir uns von Tinder kennen, sondern von Facebook … da war ich erst mal runter mit den Nerven. Ich habe ihm dann gesagt, dass wir uns gerne treffen können, aber nur ohne seine holde Gattin. Ein paar Tage später trafen wir uns dann doch noch – wie von mir verlangt – ohne seine Frau, dafür aber relativ kurz, in einer abgelegenen Strandbar. Das war schon ziemlich komisch, weil er gar nicht so viel sprach und ich eher einen Großteil der Konversation leisten musste. Er kam nicht so recht aus dem Quark und erging sich nur in seltsamen Andeutungen, auf die ich mir zuerst keinen richtigen Reim machen konnte. Erst als ich wieder zu Hause war und auf meinem Handy die ersten Nacktfotos von Monsieur eintrudelten, ahnte ich, was er wohl gemeint hatte. Unfassbar, ich bin wirklich nicht prüde, aber das fand ich dann doch etwas geschmacklos.

Ich denke mal, dass ihm das Bordell zu teuer war, und da hat er sich wohl gedacht, »dann versuch ich es eben mal mit Tinder!«. Da wollte wohl jemand möglichst unverbindlich sein Rohr verlegen und gleichzeitig damit angeben, dass er es mit einer Prominenten getrieben hat. Wahrscheinlich hätte ich ihm hinterher noch ein Autogramm für seine Frau schreiben müssen, frei nach dem Motto: »Liebe Veronika, dein Helmut poppt am besten! Liebe Grüße, deine Gaby!« Wahnsinn, was geht da in so einem Kopf vor?

Es wurde auch mit dem dritten Match nicht besser. Nummer drei laberte ohne Punkt und Komma, aber leider nur Problemzeug über seinen missratenen Sohn, seine frigide

Frau und seinen anstrengenden Job. Ganz klar: Das Dreibein hatte nix Brauchbares in der Runkel! Das finde ich ausgesprochen unsexy! Meiner Meinung nach hat Attraktivität auch viel mit Ausstrahlung und Charisma zu tun – aber wenn einer nix im Kopf hat und nur Dünnpfiff labert, dann bin ich raus. Da werd ich kühl, kein Gefühl.

Die nächsten zwei Kollegen waren wieder ganz okay, aber bei beiden hatte ich nach dem Gesprächsverlauf den Eindruck, dass die Herren es wohl eher spannend fanden, sich mit mir mal »privat« zu treffen. Verstehe ich sogar ein bisschen. Wahrscheinlich haben die sich gedacht, wenn die Köster auf Tinder rumlungert, dann ist die bestimmt eine durchgeknallte Nymphomanin! Und das darf man sich ja dann in deren Augen auf keinen Fall entgehen lassen. Vielleicht kann man da sogar Kohle mit verdienen und eventuelle »Ferkeleien« an die Regenbogenpresse verhökern? »Gaby Köster – so verdorben wütet sie durch Tinder! Wir sprachen mit den gehörnten Ehefrauen!« Von wegen, Arsch geleckt für 3 Euro 50! Mein Fehler war wohl eher, dass ich viel zu brav und konservativ für Tinder war. Ich habe schließlich keinem Typen Nacktfotos von mir geschickt. Und schon gar keine Ehefrauen gehörnt, dass das mal klar ist!

Mit der Zeit verlor ich das Interesse an Tinder. Zu kurios waren die Begegnungen mit den Dreibeinern. Wie zum Beispiel der angeblich verwitwete amerikanische Soldat, der mir schrieb, er sei in Libyen an der Front und gerade im Militärkrankenhaus … das war echt zu skurril. Genauso befremdlich wie der Kerl, mit dem ich mal kurz Kaffee trinken war und der sich dann später meldete, weil er ein Autogramm mit Widmung für seinen Vater brauchte … denn der hätte Geburtstag und er hätte jetzt irgendwie kein Geld für ein Geschenk gehabt. Horror!

Das letzte lustige Detail, was mir zu meinem Abenteuer bei Tinder noch einfällt: Auf Ibiza war Tinder manchmal sehr lustig, weil sich viele Männer meldeten, die angeblich 1 Meter 85 groß waren, und meistens kam dann doch nur ein 1 Meter 60 großer Mini-Ibizenko um die Ecke.

Also muss ich zusammenfassend feststellen: Leute, ich bin durch mit Tinder, da suchen Dreibeiner entweder eine schnelle Abwechslung vom langweiligen Ehealltag oder ein Sexabenteuer mit 'ner leicht ramponierten Prominenten. Da bin ich mir aber echt zu schade für, ich bin doch keine Freakshow, mit der man dann angeben kann oder nach verrichtetem Verkehr der treuen Ehefrau zu Hause ein Autogrammkärtchen mitbringt. Das ist doch empörend, wenn man mich fragt.

Was also tun? Parship, wo sich alle elf Minuten angeblich ein Single verliebt? Ich fürchte, da passiert mir dasselbe, nur mit besseren Manieren. Also Nacktfotos erst nach dem zweiten Treffen? Man weiß es nicht, aber ich habe keinen Bock, es herauszufinden. Und Elitepartner, da stinkt mir schon der Name. Was soll die hochgestochene Scheiße? Gibt es unter Akademikern etwa keine Bekloppten und Verstörte? Nein? So, so. Und was ist mit Dr. Hannibal Lecter? Der wäre bei Elitepartner, um sich erst mit seinem Hauptgang und dann dem Dessert zu treffen – oder was? Menschen, die sich »Elite« nennen oder glauben, dass sie zu einer Elite gehören – so was hat mich schon immer auf 180 gebracht! Da kriege ich gleich derartig Puls, dass mir die Besenreißer in den Mauken platzen. Ich habe doch nicht mein Kind mit dem hehren Ziel erzogen, keine Unterschiede bei der Behandlung von Menschen zu machen, um mich dann schnöselig bei Elitepartner anzumelden. Ich glaub, es hackt, liebe Freunde der Gleichberechtigung. Nicht mit mir, für mich gibt es nur Menschen.

Und wenn ich schon Unterschiede mache, dann teile ich sie höchstens in »freundlich« oder »unfreundlich« ein. Aber das hat was mit gutem Benehmen zu tun, und dafür muss man nicht zur »Elite« gehören. Danke, bitte, guten Tag und auf Wiedersehen – das kenne ich sowieso eher von Menschen, die einfach und bodenständig sind. Elitepartner, ich rege mich auf. Aber was ist die Alternative zu Tinder, Parship und Co.?

Ich glaube, dass es am Ende wieder mal heißt: Rausgehen, liebe Leute! Geht vor die Tür und sprecht Leute an, die ihr im guten, alten analogen Leben trefft. Da wisst ihr dann auch gleich, wie sie richtig aussehen, also ohne Filterfotos und nur Schokoseiten-Bilder. Und immer dran denken: Viel hilft viel und wer nicht fragt, der gewinnt auch nicht. Das Leben ist zu kurz für ein langes Gesicht. Also singe ich demnächst wieder – auf dem Weg zur Disco oder zum Tanzbrunnen – schmachtend auf meinem Gabymobil den alten Elvis-Heuler »Love me tender« … und nicht »Love me Tinder«!

Love me tender, love me dear
Tell me you are mine
I'll be yours through all the years
'til the end of time

»Gaby Köster ist eine faszinierende Frau und eine tolle Künstlerin. Ich kannte Gaby auch schon vor ihrem Schlaganfall und finde es bewundernswert, wie sie es geschafft hat, wieder an ihre Glanzzeit als Comedienne anzuknüpfen. Sie hat sich selber tapfer hochgerappelt und hat trotzdem auch noch die Kraft, andere Menschen zum Lachen zu bringen. Was für eine unglaubliche Leistung, ich weiß nicht, ob ich das selber so geschafft hätte, wenn ich an ihrer Stelle gewesen wäre. Ich habe kein Mitleid mit ihr, weil Gaby kein Mitleid will, sie möchte so akzeptiert werden, wie sie jetzt ist. Wem das nicht gefällt, dass eine Künstlerin mit Behinderung auf die Bühne geht, der soll sich zum Teufel scheren. Gaby Köster hat ihren Humor nicht verloren und belehrt uns alle eines Besseren. Da ziehe ich meinen Hut in Hochachtung und sage: Ich liebe diese Frau!«

Tommy Engel, Musiker, Schauspieler und Mitglied der Kölner Band *Bläck Fööss*

Tage im Loch

So, jetzt gehen wir ein bisschen weiter ans Eingemachte, meine lieben Freunde des geschriebenen Wortes. Ich möchte etwas ein für alle Mal klarstellen, wo ich lange genug gegen angeredet habe. Also schreibe ich es jetzt mal lieber auf, sozusagen für die Ewigkeit. Folgendes: Wenn ich manchmal in TV-Sendungen auftrete, werde ich oft als »die« vorgestellt, die sich ins Leben zurück gekämpft hat. Das klingt natürlich sehr bewegend und heroisch. Da kriegt jeder empathische Zuschauer auf dem Sofa wahrscheinlich sofort Pipi in die Augen, weil die arme Frau Köster im Rollstuhl sitzt, immer noch an den Folgen des drecksdrisseligen Schlaganfalls leidet und trotzdem sooo unglaublich tapfer ist. Und kämpft, natürlich. Das Dumme ist: Das sehe ich komplett anders, Herrschaften.

Kämpfen hat in meinen Augen viel zu sehr mit Gewalt zu tun, und es gibt nichts, was ich so sehr hasse wie Gewalt. In meinem Fall ist es eher der Wille, der mich nach vorne treibt – der Wille, etwas zu meistern, wovor ich eventuell Angst habe, oder etwas, was ich mir erst mal nicht so einfach zutraue. Das ist meine »Challenge«, meine Herausforderung. Ich würde gerne ein Ziel erreichen und bin mir nicht sicher, ob es klappt, ob ich das hinkriege. Das ist mein Motor. Weil ich mir immer sage: Komm, Gabriele, nicht gleich verzweifelt die

Flinte ins Korn werfen. Nicht sofort aufgeben oder zurückstecken. Lieber probieren, was geht, immer denken, »einen Versuch ist es immer wert!«. Das treibt mich nach vorne! Vielleicht ist das Sturheit, Trotz und Ehrgeiz – aber mit Kämpfen hat das für mich nichts zu tun.

Ich will auch kein Mitleid, das sollte man sich für die Menschen aufheben, die es wirklich gebrauchen können. Die sich nicht an den eigenen Haaren aus dem Sumpf ziehen können so wie ich, auch wenn ich nur einen Arm dafür benutzen kann. Aber ich habe wenigstens noch den einen Arm, der funktioniert.

Also, auch wenn es hart klingt: Spart euch euer Mitleid, feuert mich lieber an: Das packst du, Gaby! Ich gucke auch nicht permanent zurück, um bekümmert festzustellen, wie leicht und toll doch früher alles geklappt hat – nix da! Wenn ich zurückblicke, dann höchstens mal, um nachzuschauen, aus welchen Tiefs und Löchern ich seit dem drecksdrisseligen Schlaganfall schon gekrabbelt bin und was ich trotz Einschränkung schon alles gestemmt habe. So, nämlich! Mein Wille, der grundgute, hat mir schon etliche Male sehr hilfreich zur Seite gestanden, allen Unkenrufen zum Trotz. Aber: Es gibt keine Niederlagen, sondern nur Herausforderungen! Und die hatte ich in meinem Leben übrigens auch vor der Krankheit zuhauf. Aber wie gesagt: Ich kämpfe nicht, liebe Freunde der gepflegten Gewaltlosigkeit! Ich fließe mit dem Fluss des Lebens, aber ich kraule nicht gegen den Strom. Das wollte ich schon immer mal loswerden.

Und wo ich gerade dabei bin, Dinge klarzustellen: Es fällt mir oft schwer, meine Ängste und trüben Gedanken zu formulieren. Oder in einem Zehn-Minuten-Talkshow-Auftritt auszubreiten, wo man eh nicht in die Tiefe gehen kann. Es ist zudem sowieso eher mein Ding, einen gesunden Optimismus und Pragmatismus zu verbreiten. Weil die Dinge nun mal so sind, wie sie sind. Und wer etwas verändern will, der soll nicht lamentieren, sondern loslegen. Wenn man aber so wie ich ein Buch schreibt, das den Titel *Das Leben ist großartig – von einfach war nie die Rede* hat, dann muss man – beziehungsweise ich – Folgendes bedenken: Ich möchte den Optimismus verbreiten, den der erste Teil des Titels verspricht: Das Leben ist großartig! Und: Ich möchte über die Schwierigkeiten schreiben, mit denen ich in meinem Leben zu tun habe. Dieser Prozess ist nicht einfach, denn der Optimist in mir dominiert häufig den traurigen und verzweifelten Pessimisten. Damit wir hier aber nicht nur lesen können, wie toll alles ist, muss ich eben auch mal ans Eingemachte gehen und von den Tagen im Loch schreiben. Hier ist mir mein Freund und Co-Autor Till eine große Stütze, denn was er besonders gut kann, ist: Er ist »ein begnadeter Gefühlsübersetzer«, wie der bekannte Medienjournalist Hans Hoff in einem Porträt über Till in der *Süddeutschen Zeitung* geschrieben hat. Wie das funktioniert? Ganz einfach: Ich bin jemand, der nicht so wahnsinnig gerne über Gefühle redet und daraus einen kleinen Mikrokosmos strickt. Ich denke oft viel über ein Thema, schreibe darüber so gut ich kann. Und jetzt kommt Till, der Gefühlsübersetzer ins Spiel, der diese Sätze dechiffriert und aufschreibt. Er weiß, was ich sagen will, aber nicht kann. Er weiß, was ich denke und fühle. Till ist ein aufmerksamer, einfühlsamer Mensch, und darum ist es gut, dass dieser Gefühlsübersetzer mir über meinen angeborenen Optimismus, meine natürliche Schüchternheit und meine Introvertiertheit hinweghilft. Introvertiert? Ja, natürlich. Ich weiß, dass viele Menschen glauben, dass so eine »laute« Schauspielerin wie ich auch im wahren Leben eine überbordende, kaum zu bremsende Person ist … aber geschissen, ihr Schätze. Ich bin nicht der Typ, der sich zu wichtig nimmt und im Alltag mit exzentrischen Starallüren auf sich aufmerksam machen muss.

Aber bevor ich mich wieder verzettele: Ich wollte doch ans Eingemachte gehen und darüber schreiben, wie das ist, wenn das Leben mal wieder nicht einfach ist. Wenn ich down bin. Denn auch wenn ich keinen großen Bock dazu habe, so ist es doch wichtig, wenigstens ab und zu darüber zu reden. Denn natürlich gibt es genug Tage, an denen ich richtig im Loch hänge, das dürfte wohl keinen Leser richtig groß überraschen. Wer ist schon immer gut drauf? Da kenne ich so gut wie keinen, und wenn mir mal einer erzählt, dass er immer gut gelaunt ist, dann fällt es mir extrem schwer, ihm zu glauben. Erstens: Ich bin jetzt Mitte 50, und auch wenn ich jetzt nicht direkt von einer Midlife-Crisis sprechen möchte – es kommt dem manchmal verdammt nahe. Das Kind verlässt das Haus, die Mum wird alt und zerbrechlich, die Hunde auch – und wenn ich in den Spiegel gucke, stelle ich nüchtern fest, dass ich – Gott sei Dank – auch älter geworden bin. Das finde ich sehr gut, solange die einzige Alternative zum Älterwerden der Tod ist. Sterben lehne ich nämlich nach wie vor ab, damit möchte ich nix zu tun haben. Punkt.

Ich finde auch, dass man einem Menschen das Alter ruhig ansehen darf. Wenn ich heutzutage Fernsehen schaue und die ganzen gebotoxten Gesichtsfassaden sehe, dann wird mir speiübel. Da bin ich froh, dass ich Mitte 50 werden durfte und nicht aussehe wie ein Playmobilmännchen mit integrierten Pausbäckchen. Ich finde mich ganz ordentlich, alles prima – gut, bis auf die zugegebenermaßen manchmal etwas ungewöhnlichen Haarfarben.

Aber zurück zum Thema. Wenn ich dann und wann nicht gut drauf bin, dann stelle ich mir an diesen dunklen Tagen genau die Fragen, die sich wahrscheinlich auch 95 Prozent aller Menschen in meinem Alter und ähnlicher Situation stellen: Wie lange lebt die Mutter wohl noch? Bleibt sie gesund und fit? Wie viele Schnittmengen wird mein Leben in Zukunft mit dem Leben meines Sohnes haben? Wie oft werden wir uns noch sehen, wenn er seine eigene Familie gründen wird? Kann ich das ganze Theater auch alleine schaffen? Jetzt schaffen die Mum und ich das alles noch mit der Hilfe von ein paar Freunden – aber bleibt das so?

Warum klappt es nicht mit der Liebe? Finde ich jemals noch mal einen Romeo, der mich auf Händen trägt und mit mir den Rest der Lebenszeit verbringt? Und wenn mir mal so ein tolles Dreibein über den Weg läuft, geht es bei mir dann nur noch ambulant und nicht mehr stationär? Und wenn nicht, halte ich die Einsamkeit aus? Statistisch gesehen lebe ich noch 25 Jahre, was kommt da noch? Oder pessimistisch gefragt: Was kommt da nicht mehr? War es das?

Fragen über Fragen. Der ganz normale Wahnsinn, der einen mit zunehmendem Alter verunsichern kann. Dafür braucht es keinen Schlaganfall oder anderen schweren Schicksalsschlag, das geht doch den meisten auch so. Das ist menschlich.

Klar, bei mir – es wäre ja Quatsch, das zu ignorieren – hat der drecksdrisselige Schlaganfall viele Ängste verstärkt, weil ich mich eben nicht mehr normal bewegen kann und bei vielen Sachen jetzt schon Hilfe brauche. Dass ich dann zusätzlich noch schissiger werde, wenn ich darüber nachdenke, was passiert, wenn mein Körper noch weniger mitmacht als jetzt, das kann sich wahrscheinlich jeder gut vorstellen. Das sind die Augenblicke, bei denen ich im Loch bin. Angst habe, traurig bin. Verzweifelt, niedergeschlagen. Stunden, in denen die depressiven Gedanken wie eine schleichende Giftwolke durchs Haus wabern und alles in ein trostloses Grau einhüllen. Da helfen keine Tiere und keine Freunde, kein Konsum und kein fröhliches Lied auf den Lippen. Da hilft nur: aufstehen, lüften und aktiv werden. Oder wie wir Kölner sagen: Arsch huh, Zäng ussenander! Laut mit sich selber reden: »So, Frau Köster, es reicht! Ein bisschen heulen und traurig sein ist ja okay, aber nun isses auch mal genug! Was können wir stattdessen mal machen?«

Ja, was tun, wenn man im Loch sitzt? Kinders, ganz klar: Wer wirklich nicht mehr alleine aus dem Loch kommt, nur noch müde und depressiv ist – der braucht professionelle Hilfe. Da solltet ihr – wenn es euch betrifft, gute Freunde oder liebe Verwandte – nicht lange zögern, sondern schnell handeln. Mit richtigen Depressionen ist nicht zu spaßen. Wer davon betroffen ist, der braucht schnelle Hilfe und einen guten Therapeuten. Da ist es mit Tipps und Tricks nicht mehr getan, auch nicht mit einem eigenen Motivationstritt in den Allerwertesten! Versprecht mir das: Wenn ihr das hier lest und ihr seid so fertig, dass ihr nicht mehr aus dem Loch kommt oder die Sonne sehen könnt – geht sofort zum Arzt, ruft einen Therapeuten an oder wendet euch an einen Psychologen. BITTE! Wir leben heute in einer Zeit, wo sich niemand mehr schämen sollte, wenn er eine Therapie braucht. Deswegen ist man doch nicht gleich gaga in der Birne oder ein Freak. Nein, wer aufgrund von Depressionen oder schlimmen Traumata nicht klarkommt, ist einfach nur ein Mensch, der professionelle Hilfe braucht. Punkt.

Wenn ich in meinem normalen Loch sitze, was von Zeit zu Zeit gerne mal passiert …, und ich das Gefühl habe, das Licht am Ende des Tunnels ist leider der Zug, der mir entgegenkommt, dann komme ich wie gesagt zügig aus dem Knick. Am besten macht man es sich nicht bequem in diesen miesen Löchern. Besser ist, nach einem Ausgang zu suchen. Das werde ich nicht müde zu sagen: Not und Elend können auch kreativ und erfinderisch machen. Ich schreibe zum Beispiel gerne Tagebuch – und zwar nicht, was mich alles runterzieht, sondern was alles Schönes passiert ist. Und sei es nur ein paar Zeilen über das niedliche Eichhörnchen im Garten oder irgendeinen Jokus, den die Hunde veranstaltet haben. Was Lustiges aus dem Internet oder weiß der Kuckuck was. Achtet auch auf Kleinigkeiten! Schaut euch eure Umwelt genau an, genießt das erste Schneeglöckchen im Garten oder im Park. Setzt euch ins Café, schaut den Menschen zu. Kocht euch Milchreis oder irgendwas Leckeres, das euch ein warmes Gefühl im Bauch verschafft. Wenn ihr keinen Bock habt zu schreiben, dann könnt ihr das auch vor dem Einschlafen machen: darüber nachdenken, was wirklich schön an diesem gelebten Tag war, welche Begegnungen oder welche schönen Momente man hatte … denn es ist wichtig, mit einem positiven Tagesabschluss einzuschlafen. Sonst nimmt man die Trübsal mit in den Schlaf und in die Träume … und dann setzt es sich fest und ist am nächsten Morgen das Erste, woran man wieder denkt. Aber wenn man positiv einschläft, ist die Chance auch viel größer, im Schlaf Ruhe und Frieden zu finden. Das gibt gute Erholung, Dankbarkeit, Seelenfrieden und mehr Kraft für den neuen Tag.

Wer jetzt denkt: »Hörens, Frau Köster – ich lege mich hin, penne sofort ein, und für lange Tagebuchromane habe ich auch keine Zeit«, der kann sich zum Beispiel auch ein Moodboard zeichnen, das sind klitzekleine, aneinandergereihte Zeichnungen. Genau! Ihr zeichnet einfach die schönsten

Augenblicke des Tages oder der Woche auf! Und bitte bedenkt dabei, ihr müsst keine großen Künstler sein. Es braucht auch niemand anders zu sehen. Es soll einfach eine Aufhellung und Erheiterung für euch sein.

Ich surfe gerne durch die verschiedensten YouTube-Themen. Eben noch bei einem Zeichnen-Tutorial zum Thema Tiere, findet man als nächsten Vorschlag eine BBC-Dokumentation über Wale. Von da geht es im nächsten Video ans Kap der Guten Hoffnung … und schwuppdiwupp ist man in Südafrika, in einer anderen Welt. Toll! Das ist nämlich auch ein Trick, den ich schon seit meiner Kindheit draufhabe: Wenn's dir nicht gut geht, bring dich selber weg, tagträume dich an schöne Orte, in den letzten Urlaub, ans Meer, in andere Städte, von mir aus auch in den Puff, was weiß ich, was immer ihr wollt. Ich denke mich oft ans Meer oder zeichne draußen in der Natur. Stichwort: Urban Sketching! Malen, was man direkt vor den Augen hat.

Also, ihr Lieben – gebt nicht auf und verzagt nicht, lasst euch etwas einfallen! Probiert einfach mal was aus und macht etwas aus eurem Tag. Also, Popo und Kopf hoch, von alleine passiert nix. Aber denkt dran: Irgendwas solltet ihr machen, es ist schließlich euer Leben und ihr seid der Kapellmeister – sonst niemand! Nicht vergessen, es gibt auch noch andere tolle Dinge, die man tun kann, es muss nicht immer der Marathonlauf sein.(Den habe ich mir ja sowieso schon lange abgeschminkt, da hat sich zugegebenermaßen auch eine gewisse Ernüchterung breitgemacht.) Es gab und gibt Zeiten, da bin ich ziemlich angenervt darüber, dass der blöde Arm einfach den Dienst verweigert. Und es wäre ja auch nicht normal, wenn es nicht so wäre. Das würde mir doch eh keiner glauben, wenn ich jetzt hier rumsülzen würde: »Oh, das macht mir gar nichts aus«. Von wegen, liebe Freunde der zweibeinigen Fortbewegung. Es wäre sehr hilfreich, wenn ich wieder die Befehlsgewalt über meine Extremitäten hätte, dann wäre ich nämlich unabhängig und nicht so oft auf fremde Hilfe angewiesen.

Und meistens sind es gerade die alltäglichen, kleinen Dinge, die mich in den Wahnsinn treiben. Der Flaschen- oder Marmeladenglasdeckel, der so fest verschraubt ist, dass selbst King Kong vor Anstrengung der Schweiß in den Augenbrauendschungel läuft. Oder wenn ich mir mal schnell ein Brot schmieren will, weil ich Hunger habe. Das geht an solchen Scheißtagen auf einmal noch umständlicher als überhaupt schon, und das sind die Momente, in denen ich vor Wut ausrasten könnte. Nur eins ist ja wohl auch klar: Da kann ich mich aufregen, wie ich will. Ob ich sauer auf den Arm bin oder nicht, was nutzt es? Er hängt weiterhin an mir rum wie nutzloses Fleisch.

Ob ich stinkig bin oder nicht, wenn das Bein lahmer als 'ne Turbo-Weinbergschnecke ist – dadurch ändert sich einfach nichts. In dem Augenblick, an dem ich mich dem Hadern und Lamentieren hingebe, habe ich doch nur noch größere Probleme. Das ist wie Aufgeben, und das war noch nie ein schlüssiges Konzept für mich, das war nie mein Ding. Da kriege ich eine heilige Wut und suche lieber nach Alternativen. Es bringt ja nix, vor der verschlossenen Tür zu stehen und wie bekloppt dran zu rütteln, wenn man keinen Schlüssel hat. Und ich weiß ja, dass ich keinen Schlüssel habe. Also suche ich lieber nach Nebeneingängen, anstatt meine Energie an etwas zu verschwenden, was ich nicht ändern kann.

Wie gesagt: Wer das nicht nachvollziehen kann, der hat sich noch nie den Arm gebrochen oder sich mal so richtig mit einem scharfen Messer in die Finger oder den Daumen gesemmelt. Das sind nämlich genau die Klassiker, wo man erstaunt feststellt, was man alles nicht kann, wenn man eine Hand, den Arm oder ein Bein nicht mehr richtig benutzen kann. Bei einem Armbruch oder einer Schnittwunde weiß man, dass man da die Gewissheit hat, dass die Nerverei über diesen Zustand Gott sei Dank zeitlich begrenzt ist und irgendwann alles wieder verheilt ist … und dann wieder richtig funktioniert. Ja, da überkommt einen schnell die Einsicht, was für ein Wunder unser Bewegungsapparat eigentlich ist.

Und wenn wir schon beim Thema Wunder sind: Es hat mir natürlich auch keiner ein Wunder prophezeit oder mir falsche Hoffnungen gemacht. Kein Physiotherapeut oder Arzt hat gesagt: »So, Frau Köster – die Übung machen Sie jetzt hundertfünfzigmal am Tag für die nächsten zehn Jahre, und dann werden Sie wieder den Handstand auf beiden Händen machen können!« Nein, vielmehr hat mir eine besonders sensible Fachkraft ganz unsensibel zu verstehen gegeben: »Rechnen Sie lieber damit, dass der Arm nie wieder funktionieren wird!«

Natürlich hofft man auf Besserungen und entfacht ein Begeisterungsfeuer bei den geringsten kleinen Mini-Fortschritten. Aber die bringen im Alltagsstress nix, dazu sind sie in meinem Fall zu klein. Und sich darüber dann wieder zu ärgern, bringt nur Trübsal. Und ich bin jetzt zum Glück auch nicht so der Heul-Typ, der sich deswegen nur noch die Augen aus dem Kopf flennt. Ich kenne aber viele Leute, die sich irrsinnig pausenlos über solche Dinge aufregen – und damit wären wir wieder beim Thema »Lebensqualität, die flöten geht«! Das geht nach den Jahren richtig an die Substanz, da finde ich es wesentlich gesünder, die Behinderung anzunehmen und zu überlegen: Wie kann ich mein Ziel auch anders erreichen? Wie kriege ich den Knoten gelöst, ohne den Schnürsenkel abzuschneiden?

Was mich allerdings total runterziehen kann – da bin ich meistens nicht gegen gefeit –, ist mein Anblick im Fernsehen. Wenn ich beim Zappen spätnachts auf einmal bei einer Folge von *Ritas Welt* gelandet bin, dann kann ich sehr schnell sehr traurig werden. Aber nicht, weil ich dann denke: Oh, Gaby, guck mal – da warst du noch ein großer Fernsehstar und auf dem Höhepunkt deines Ruhms!« Quatsch. Hörens, das war noch nie mein Ding, dieses »ich bin ein Star und wichtig!« Nein, sondern, weil ich gnadenlos daran erinnert werde, wie agil und aktiv ich mal war.

Es ist mein heiler Körper, mein gesundes Aussehen, das mich so runterzieht. Das ist grausam, das will ich nicht sehen. So muss sich auch der von Parkinson schwer geplagte Muhammad Ali gefühlt haben, wenn er seine Boxvideos angesehen hat. Ich verstehe dann auch die alte Marlene Dietrich, die ihre Wohnung in Paris nicht mehr verlassen hatte, damit keiner sehen konnte, wie alt und gebrechlich sie aussah.

Ich ertrage das nicht, die gesunde Gaby Köster zu sehen. Also tue ich mir das auch nicht an. Ich kann diesen Anblick nicht mehr mit mir in Verbindung bringen. Also habe ich beschlossen, diese Gaby wie eine Person zu betrachten, die ich mal gut gekannt habe, aber jetzt nicht mehr sehen will. Wenn ich über diese Gaby Köster nachdenke, ohne die entsprechenden Bilder zu sehen, dann geht es. Das kann sogar sehr schön sein, davon will ich im nächsten Kapitel freiwillig erzählen.

»Was ich an meiner Cousine bewundere, ist der Biss, wie sie dranbleibt am Leben und sich nicht kleinkriegen lässt! Gaby war schon immer ein Trostspender für viele ihrer Fans, nach dem Schlaganfall wahrscheinlich noch mehr als vorher. Es beeindruckt mich einfach, dass sie ihren Humor nicht verloren hat. In einem Punkt hat sie sich in meinen Augen nicht verändert: Diese trotzige Kraft, dieses ›jetzt erst recht‹ war schon immer in ihr. Die Gaby sieht sich eben nicht als Pflegefall, die guckt lieber nach vorne mit dem familieneigenen, kösterschen Optimismus, das hat sie wohl in den Genen. Sie hat ihr Schicksal angenommen und ist eben einfach der Typ Mensch, der mit dem Rollstuhl eher ein Rennen fährt, als dass sie sich schieben lässt.«

Gerd Köster, Sänger und Musiker,
Kölner Original und Gabys Cousin

Geld alleine macht nicht glücklich

Ich trage für mein Leben gerne im Sommer zerfledderte Jeans, isso! Und was soll ich sagen: Die Mum findet das – gelinde gesagt – nicht besonders gut. Und manchmal kann sie nicht anders und dann kann sie es sich nicht verkneifen, mir ein spitzes »sind die nit eh bessje vill kapott?« an den Kopf zu werfen. Was von meiner Seite seit Ewigkeiten so beantwortet wird: »Nein, finde ich nicht. Und ich liebe sie!« Das war schon immer so! Diese Diskussion zwischen Mutter und Tochter wird wohl nie aufhören.

Das erinnert mich sehr an die Zeit, als ich damals von zu Hause ausgezogen bin und in der Südstadt gearbeitet habe (im »Out«, einer legendären Szenekneipe). Ich war jung, lecker und ungebunden und stellte zu meinem großen Vergnügen fest: Ab und zu – oder besser gesagt nicht gerade selten – kamen natürlich auch ein paar leckere Dreibeiner hereinspaziert, die meine jugendlichen Hormone ordentlich in Wallung gebracht haben. Wenn ich dann zu meinem Cousin Gerd, der mit mir hinter dem Tresen zapfte, gesagt habe: »Oh, ich glaube, der ist aber sehr, sehr nett!«, dann hat der Gerd meistens nur gesagt: »Das weiß ich nicht, das musste selber ausprobieren.«

Und das habe ich auch reichlich gemacht, liebe Freunde der gepflegten körperlichen Liebe. Das ging leider in den seltensten Fällen gut für mich aus. Die Männer waren in dieser Szene meistens mehr am Bestäuben der Blüten interessiert, aber nicht an dauerhafter Gartenpflege. Erschwerend kam hinzu, dass ich ein Gefühlsmensch bin, und wenn ich mich dann hin und wieder schnell verliebt hatte, dann konnte ich nur schwer loslassen. Das soll aber – um das mal zu meiner Entlastung vorzutragen – sehr typisch sein für Frauen mit Sternzeichen Schütze und Skorpion als Aszendent … das wollte ich nur mal gesagt haben. Und jedes Mal, wenn ich unglücklich war aufgrund irgendeiner unerfüllten Love-Affäre, dann habe ich mir Möhrensuppe gekocht, um mich wieder zu erden. Ich will da wirklich nicht drauf rumreiten, aber es gab oft Möhrensuppe, weil wirklich viele schnuckelige Jungs zu der Zeit unterwegs waren. Meine Mum schüttelte dann immer den Kopf und sagte ihr immer gleiches Sprüchlein auf: »Hallo? Ich sage nur *Südstadt*! Was hast du erwartet?«

Ich weiß ehrlich gesagt gar nicht, was ich erwartet hatte. Ich hatte vor dem Auszug von daheim eine Beziehung, die mich am Ende fast in den Wahnsinn getrieben hat. Wir hatten uns kennengelernt, als ich gerade mal 17 Jahre alt war. Irgendwann zog der Typ dann bei uns ein und wir waren richtig »zusammen«. Das mit dem Einzug war ja nicht das Problem, mein Vater war zu dem Zeitpunkt schon längst tot und ich lebte mit der Mum ja ganz alleine in der Wohnung. Aber die Beziehung bestand irgendwann nur noch aus Videoabenden mit Freunden. Es wurde sich irgendwo getroffen, der Videorekorder angeschmissen und ein Film nach dem anderen geguckt. Stundenlang. Das ist jedenfalls meine prägendste Erinnerung. Irgendwann habe ich das einfach nicht mehr ausgehalten und einen Brief an meinen Freund geschrieben. Wahrscheinlich ist es den meisten schon klar, dass das nicht gerade ein Liebesbrief war. Röchtich! Es war vielmehr ein Kündigungsschreiben. Ich bat ihn, ohne große Verzögerung seine sieben Sachen zusammenzupacken und auszuziehen. Dieser »Bitte« ist das arme Dreibein nachgekommen, und danach musste ich mich wie gesagt ein bisschen austoben.

Bis ich dann letztendlich Thomas kennengelernt habe. Der gehörte damals zu den Verrückten von der »Stunksitzung«, die sich den alternativen Karneval auf die Fahnen geschrieben hatten. Zwischen uns knisterte es kurz und heftig – ruck, zuck standen wir in Flammen, und dreieinhalb Wochen später war ich dann auch schon schwanger. Jahaaaa! Ich weiß, welche Frage sich da aufdrängt: »Hörens, Frau Köster, wie ist das denn passiert?« Ja, wie ist das wohl passiert? Obwohl unsere Ehe irgendwann am Ende war, sind Thomas und ich uns bis heute über eines einig: Der Donald, unser Sohn, war und ist ein Kind der Liebe. Und auch wenn ich damals echt etwas überrascht von der Schwangerschaft war, so habe ich mich doch gefreut und die Frucht in meinem Leibe als gutes Zeichen gesehen. Denn mal ganz ernst: Wann ist denn schon der geeignete Zeitpunkt für ein Kind? Erst Beruf, dann Heirat, dann Arbeit, Karriere und etwas später Kinder? Oder vorher? Ich habe keine Ahnung, ich weiß nur, dass ich glücklich war und das Kind von ganzem Herzen gewollt habe. Dass die Ehe in die Brüche gegangen ist, hatte auch auf keinen Fall etwas mit unserem Sohn zu tun, damit das auch gleich klar ist. Ich habe das Leben und seine Schicksalsschläge, positiv wie negativ, immer angenommen und optimistisch nach vorne geguckt. Mir fest vorgenommen, das Beste daraus zu machen. Das war schon immer so und wird sich auch nicht mehr ändern.

Ich habe ja schon mal über *Ritas Welt* gesprochen, im *Schnupfen*-Buch sowieso und auch in diesem. Das bleibt nicht aus, weil es eine sehr prägende Zeit war. Für mich und für das Publikum, meine Fans. Bis heute werde ich immer und immer wieder auf diese Serie angesprochen, auf meine Rolle Rita Kruse. Und auch auf die Gefahr hin, dass ich mich wiederhole: Es ist mitnichten so, dass ich versonnen zu Hause im Ohrensessel sitze und mir denke: »Toll, das war der Höhepunkt meiner Karriere, ich war ein gefeierter Superstar!« Nein, Kinders. Überhaupt nicht. Das war eben auch die anstrengendste Zeit meines Lebens. Das werde ich einfach nicht vergessen. Teilweise mit bis zu 18 Stunden Arbeit pro Tag, und ich bin mir auf keinen Fall sicher, ob ich das mit dem heutigen Wissen noch einmal so machen würde. Die ganze Familie hat darunter gelitten, das Kind am allermeisten. Der Donald hat als Kind mal völlig verzweifelt gesagt: »Hört denn diese Rita nie auf?«

Und trotzdem – zu der Zeit habe ich das Beste daraus gemacht, mich der Situation gestellt und versucht, ihr irgendwas Positives abzugewinnen. Das war halt eben meine Arbeit. Wenn ich heute im Café sitze und mir Menschen mit Begeisterung in den Augen und der Stimme mitteilen, dass sie die ganze Nacht »Rita« gesehen haben, dann antworte ich eben wahrheitsgemäß: »Schön, ich nicht!« Und dann erkläre ich ihnen, dass das alles harte Arbeit war und ich mich nie als Superstar gefühlt habe, sondern wie ein Mensch, der unglaublich viel arbeitet. Dann sind die Leute auch meistens nicht beleidigt und zeigen viel Verständnis. Woher sollen sie das auch wissen? Die meisten glauben, man dreht so'n bisschen, sitzt zwischendurch in der mit Blumen und Büfett vertäfelten Luxusgarderobe und genießt ansonsten die Millionen-Gagen in vollen Zügen: Champagner, schöne Nannys,

Chauffeur, weiße Villa mit fünf Badezimmern und 25-Meter-Pool. Äh … nein! In Hollywood vielleicht. Keine Ahnung. Aber in Köln nicht. Und das Thema »Geld« ist ja auch so eine Sache, die so einfach nicht zu bewerten ist. Denn ich bin ja nicht Künstlerin geworden, weil ich mal unbedingt ein großer Serienstar mit fetter Gage werden wollte. Nein, nein, nein. Es ist ja vielmehr so, dass ich Künstlerin geworden bin, weil es in mir war und weil ich nichts anderes konnte. Mein Vater hätte wahrscheinlich versucht, mich davon abzuhalten, die künstlerische Laufbahn einzuschlagen. Ich glaube, der hätte es gut gefunden, wenn ich was richtig Solides geworden wäre, medizinisch-technische Assistentin zum Beispiel. Aber das kam für mich überhaupt nicht infrage, weil ich unbedingt kreativ arbeiten wollte. Geld hat da erst mal gar keine Rolle gespielt. Was ja nicht ungewöhnlich ist, sondern eher die Regel, wenn man ganz am Anfang steht. Denn am Anfang einer künstlerischen Karriere gibt es für alle dasselbe Problem. Da ist man in bester Gesellschaft, das war selbst bei den Beatles oder den Stones nicht anders: Man musste ja erst mal überhaupt jemanden finden, der einem Geld zahlen wollte! Die erste Gage, die ich bekommen habe: 100 Mark. Und ich war glücklich darüber, sehr glücklich sogar. Irgendwann machte ich Radio, kellnerte nebenher und dann stand ich mit meinem Programm »Die dümmste Praline der Welt« vor circa 60 Leuten auf einer kleinen Bühne. Jahre später wurden die Bühnen größer, ich kam ins Fernsehen und verdiente ordentlich Geld. Aber in meinen Augen war das eigentlich nur der Ausgleich für all die Jahre, in denen ich mich fleißig und genügsam, aber extrem glücklich durchgeackert habe.

Diese ganze Promi-Nummer und dieses Star-Getue ist ja auch nicht von mir ausgegangen, das ist ja von »außen« auf mich projiziert worden. Ich hatte keinerlei Interesse daran, dass die Boulevardpresse meiner Familie in schlimmster Weise auf die Pelle gerückt ist, damit sie ihren dramatisch erfundenen Müll veröffentlichen konnte. Ich habe jetzt keine Lust, das noch einmal aufzuwärmen, da kriege ich nur den heiligen Zorn und schlechte Laune. Und auf schlechte Laune habe ich keinen Bock.

Natürlich bin ich irgendwann sehr gut bezahlt worden für meine Arbeit, aber ich habe eben auch einen Preis dafür bezahlt. Ich bin quitt! Aber eines kann ich guten Gewissens sagen: Ich bin Gaby Köster, ein einfaches Mädchen. Fette Protzautos, Juwelen, Klunker und Jet-Set-Lifestyle ist nie mein Ding gewesen. Als die Kollegen mit den dicken Limousinen vors Studio rollten, fuhr ich mit meinem silbernen Renault Kangoo vor. Den ich nun seit über 15 Jahren besitze und der mir immer noch treue Dienste leistet. Alle machten sich über mich lustig, weil ich stolz war auf mein neues Auto: »Was haste denn da für 'nen hässlichen Lastenkutter?« Aber das war mir scheißegal, ich hatte ein Kleinkind und musste Fahrräder und Tiere transportieren. Also brauchte ich eine Familienkutsche und kein rollendes Ledersofa mit Hi-Fi-Anlage und 400 PS.

Wenn wir schon an dieser Stelle über unvernünftigen Luxus reden, liebe Freunde des gepflegten Dukatenesels, dann gebe ich gerne zu, dass meine alte Finca auf Ibiza sicherlich darunterfällt. Eigentlich ist das sogar Schwachsinn, da ich das Haus gar nicht so oft bewohnen kann – aber mein Plan war ja damals ein ganz anderer. Ich habe immer gedacht: Wenn das Kind groß ist, dann werde ich mindestens die Hälfte des Jahres auf Ibiza im Haus verbringen und den Rest in Köln. Leider ist mir der drecksdrisselige Schlaganfall dazwischengekommen.

Ich kann aus vollem Herzen sagen, dass ich die *Rita*- und *7 Tage 7 Köpfe*-Zeit nicht vermisse. Nicht den Starrummel, nicht die unglaubliche Maloche … nein, ich vermisse meinen gesunden Körper aus dieser Zeit. Das gebe ich gerne zu. Vielleicht blende ich diese Zeit darum auch noch bereitwilliger aus, als ich es eh schon tue.

Wenn ich überhaupt an etwas gerne zurückdenke, dann an die wilden 80er-Jahre in der Südstadt, in meiner Junggesellenbude. Ich hatte eine kleine Parterre-Mietswohnung im Hinterhof. Den habe ich mir immer schön begrünt im Sommer und mich kaputtgefreut, wenn alles blühte. Und wenn ich hin und wieder ein bisschen Geld über hatte, dann habe ich es irgendwo in der Wohnung versteckt … für schlechte Zeiten! Manchmal wusste ich Chaotin dann leider nicht mehr, wo ich es hingetan hatte, weil ich die Verstecke eben sehr gut ausgewählt hatte. Oder ich habe vergessen, wie viel Geld ich gehabt hatte, und war einfach nur happy, wenn hinter dem großen Brockhaus beim Abstauben plötzlich unverhofft Geld aus dem Regal segelte. Dann bin ich schön essen gegangen, hab mir 'ne Jacke oder neue Pflanzen für meinen Hof gekauft. Oder ich bin nach Holland gefahren und habe mir für 10 Mark eine große Tüte Gemüse gekauft, von der ich dann wunderbar drei Wochen leben konnte. Ja, so war das.

Ich habe mir bis heute erhalten, mich über die kleinen Dinge des Lebens zu freuen. Sich über Luxus freuen ist einfach. Aber sich über 'nen Teller Möhrensuppe, eine schöne Modeschmuckkette oder eine gesunde Pflanze zu freuen, das ist mir viel, viel wichtiger. Das macht das Leben doch so lebenswert, die kleinen Freuden. Kleine Geschenke erhalten die Freundschaft! Das gefällt mir sehr gut, da ist was dran. Und ich münze das eben auf das Leben um. Kleine Freuden

erhalten die Lebensfreude. Wartet nicht immer auf die große Party, das Mega-Ereignis. Freut euch über die banalen Dinge, dann könnt ihr euch noch mehr über die großen freuen.
Wenn ich morgens aufstehe und irgendwann der Kaffee in der Tasse dampft, das ist für mich Glück. Dazu die Hunde, ein Blick in den Garten, ein lustiges Video im Internet oder ein gutes Buch – und ich könnt heulen vor Glück, ihr Schätze. Und es ist wirklich nicht gelogen, wenn ich hier am Ende dieses Kapitels steif und fest behaupte: Geld alleine macht nicht glücklich!

»Ich mag die Gaby sehr als Mensch, sie ist so ein grundehrlicher Charakter, so herrlich normal und überhaupt nicht ›divenhaft‹. Deswegen kann man mit ihr auch eine beständige, dauerhafte Freundschaft führen. Ihre körperlichen Einschränkungen sind nie ein Thema zwischen uns, das mag sie nicht. Ihr geht es immer um das Positive im Leben – und was man daraus machen kann. Selbst in den Phasen, wo sie auch mal nicht gut drauf ist, kann man sich hundertprozentig auf ihre Empathie und Hilfe verlassen. Gaby ist immer voller Empathie und hat eine totale Klarheit, das hilft ihr sehr, das Leben so zu nehmen, wie es kommt. Wie gesagt, man muss sie einfach mögen, sie ist ein toller Mensch.«

Heike Haupt, Malerin und Bildhauerin

Esoterik, Engel und die Karten

Tja, liebe Leute – jetzt muss ich über etwas schreiben, das nicht jedem gefallen wird. Oder egal ist. Viele werden es vielleicht auch lesen und denken, »die hat doch einen an der Waffel, die Köster!«. Alles okay, liebe Freunde der Ratio. Ihr könnt machen, was ihr wollt, ich zwinge ja niemanden zu irgendwas. So! Worum geht es denn? Es geht um die Dinge zwischen Himmel und Erde, die der Mensch nicht erklären kann. Spiritualität, Telepathie, Engel, die Heilkräfte der Natur und andere übernatürliche Phänomene. Wie ich bereits sagte: Dinge, an die man glauben kann oder auch nicht.

Ich bin – wie der ein oder andere eventuell schon weiß – der Esoterik sehr zugetan. Weil ich der festen Überzeugung bin, dass nichts im Leben zufällig ist. Aber wirklich nichts. Auch der drecksdrisselige Schlaganfall nicht. Ich habe im *Schnupfen*-Buch geschildert, dass ich im Koma einen Traum, eine Vision oder vielleicht sogar eine »wirkliche« Begegnung mit meinem verstorbenen Vater hatte. Auf einer Wiese, irgendwo in einer Art Zwischenwelt, auf der auch meine verstorbene Hündin Frau Doktor um uns herumtobte. Und mein Vater hat mir damals zu meiner Verwunderung zu verstehen gegeben, dass ich wieder gehen sollte, dass es noch nicht Zeit für mich war zu sterben. Er hat mich wieder zurückgeschickt ins irdische Leben.

Und von da an, ab dem Moment, in dem ich aus dem Koma erwacht bin, habe ich das Gefühl, dass nichts sinnlos ist. Weder mein Leben vor der Krankheit, aber schon gar nicht mein Leben danach. Natürlich ist mir klar, dass einige Menschen nach solchen Schicksalsschlägen fragen: Warum ich? Aber wahrscheinlich ist die Gegenfrage sehr simpel und banal: Warum nicht? Und darum habe ich mein Leben angenommen, so wie es ist. Mit all seiner Nervigkeit und den Schwierigkeiten, die eine halbseitige Halblähmung nun mal so mit sich bringt. Und zwar für die ganze Familie.

Wie gesagt, mein Kind hat mich so oft teilen müssen: mit den Fans, mit der Karriere und letztendlich sogar mit der Krankheit. Wir haben nicht so explizit darüber gesprochen, aber ich kann mir gut vorstellen, wie schwierig das für Donald gewesen sein muss: Deine Eltern trennen sich, deine Mutter arbeitet teilweise 18 Stunden am Tag. Dann bekommt sie einen Schlaganfall und ist erst mal hilfsbedürftiger als das Kind selber. Auch nicht gerade das, was ein Sohn erleben möchte in dem zarten Alter. Und dann kommt das Schlimmste: die Pubertät! Das Hirn formiert sich neu, die Loslösung von den Eltern fängt an. Die Kids realisieren, dass wir keine »Götter« sind, die alles richtig machen und alle Probleme lösen … nein, wir sind – um es mal mit dem wunderbaren Reinhard Mey auszudrücken – auch nur »arme, kleine Würstchen«! Die Auflehnung beginnt, Rebellion! Wichtig ist: irgendetwas zu machen oder zu sagen, was uns Eltern schwer auf die Palme bringt. Normal, oder?

Welche Eltern brüllen nicht mindestens einmal ins Kinderzimmer: »Kann man diese verdammte Musik auch mal leiser machen?« Ist ein Klischee, weiß ich. Aber ihr wisst auch, was ich meine. Mein Donald hatte es in dieser Zeit wohl besonders schwer: Darf man seine »behinderte« Mutter nerven, unverschämt anpampen oder ihr sonst wie ungehörig auf den Wecker gehen? Ohne sofort ein schlechtes Gewissen zu bekommen? Sich noch mehr konfus und verquer zu fühlen, weil man es getan hat? Es war bestimmt alles andere als leicht für den Jungen, verdammte Hacke. Vielleicht war er auch wütend auf mich und hat gedacht: Immer geht es nur um sie, immer nur um sie. Es ist ja ohnehin schwer, erwachsen zu werden als Kind von einem Promi, aber ein kranker Promi ist natürlich noch eins drauf. Der Schatten, den wir werfen, ist groß, und daraus herauszutreten ein schweres Unterfangen.

Das geht wie alles im Leben nicht ohne Blessuren ab. Aber nicht jede Verletzung, nicht jeder Schmerz kann mit einem Pflaster, Verband oder einer Tablette behandelt werden. Denn man kann eine verzweifelte Seele ja nicht mit Novalgin beträufeln, nicht jede Angst, die einem den Magen umdreht, hat körperliche Ursachen. Und deswegen befinden sich in meiner Hausapotheke zum Beispiel auch Heilsteine, die ich je nach Bedarf bei mir trage. Als Heilsteine bezeichnet man zum Beispiel Minerale: Sie wirken zum einen über ihre Farben, ihre Form und natürlich vor allem auch über die in ihnen enthaltenen Mineralien auf den Menschen ein. Türkis, Jaspis, Lapislazuli, Quarz – ich will hier nur ein paar Beispiele von Gesundheitssteinen geben, die Mutter Erde für uns bereithält … Ich trage sie gern in Form von Ketten, Armbändern und bin selbstverständlich auch der Meinung: »Viel hilft auch viel«. Das wiederum macht mich im Fernsehen oder Radio auch zum Schrecken eines jeden Tontechnikers, weil es bei mir an allen Ecken und Kanten klappert und klimpert – was natürlich alles schön über die aufgestellten oder angesteckten Mikrofone übertragen wird. Was keiner will, außer mir natürlich, denn von mir aus darf es ruhig mal klappern, das gehört zu mir wie mein kölsches Mundwerk.

Okay – falls ihr euch jetzt sagt: Steinchen, von mir aus. Soll doch die Frau Köster ruhig fünf Kilo mehr auf die Waage bringen durch ihre tausend Ketten, mir egal. Wenn es bei dieser Art Esoterik bleibt, dann ist doch alles in Ordnung. Hustekuchen, ihr Schätze.

Denn außerdem ziehe ich nach wie vor morgens eine Affirmationskarte aus dem Erzengel-Michael-Set und den schamanischen Seelenkarten. Okay, für den einen oder anderen mag es Humbug sein, der blättere bitte weiter, für mich ist es das aber nun mal nicht. Im Gegenteil: Es hilft mir sehr und ich stehe dazu. Das Kartenlegen allgemein begleitet mich seit meinem sechzehnten Lebensjahr, das sind nunmehr auch schon 41 Jahre, und ich konnte vielen Freunden und Bekannten damit schon helfen in kritischen Lebenslagen. Echt erstaunlich, und ich freue mich immer wieder daran. Spannend.

Vielleicht sitze ich ja eines Tages im TV mit einem Raben und 'ner Katze auf der Schulter und lege Karten, haha! Gestern habe ich beispielsweise die »Reise« gezogen und so ist es ja nun auch, mit dem zweiten Buch mache ich ja gerade wieder mal eine neue Reise. Ich finde es vom Menschen ausgesprochen arrogant zu behaupten, dass es zwischen Himmel und Erde nichts gibt. Das Universum ist so riesig und gigantisch, warum soll es da keine anderen Kräfte geben? Mir hilft es jedenfalls und ich fühle mich geschützt und geborgen.

»Als wir mit Brings Gaby Köster nach ihrem schweren Schlaganfall zurück auf die Bühne geholt haben, da sind die Leute im Publikum komplett ausgerastet. Auch in der großen Kölner Lanxess-Arena: Über zehntausend Leute feiern fünf Minuten stürmisch ›ihre‹ Gaby Köster – da ist uns erst mal klar geworden, was sie den Menschen bedeutet. Sie hat uns allen gezeigt, dass man immer wieder aufstehen kann. Ich bewundere ihren Lebensmut, ihre positive Kraft, die auf die Leute überspringt. Gaby ist ehrlich, gerade, aufrichtig und loyal. Das sind Eigenschaften, die ich nach über 28 Jahren im Musikgeschäft bei manchem Rock'n'Roller vermisse – aber nicht bei Gaby Köster, meiner großen platonischen Liebe.«

Peter Brings, Musiker und Gründungsmitglied der Kölner Band *Brings*

Rückkehr

Während ich diese Zeilen schreibe, ist es draußen lecker warm. Es ist Juni und locker über 30 Grad. Das alte Haus hält die Hitze noch ganz gut in Schach, und im Garten spendieren die Bäume wenigstens bis Mittag ein schattiges Plätzchen, an dem es sich für die Hunde aushalten lässt. Ich persönlich bin fein mit der Hitze, ich kann das ganz gut ab. Schlafen geht auch gut und überhaupt hätte ich wohl kaum ein Haus auf Ibiza, wenn ich Probleme mit der Hitze hätte, so viel ist ja schon mal klar, ihr Schätze. Aber seit ein paar Tagen bin ich über den Sommer in unseren Gefilden noch froher als sonst, denn er hat speziell für mich einen wunderbaren Nebeneffekt parat: Während wir hier in Mitteleuropa den Sommer genießen, ist es in anderen Ländern auf unserer schönen Welt momentan Winter. Will sagen: Das Schöne an Südamerika ist, dass dort jetzt Winter ist.

Jetzt denken einige beim Lesen sicher: »Frau Köster, bitte bei der Arbeit die Kurzen weglassen und lieber Tee trinken! Schön, dass in Posemuckel jetzt Winter ist, aber was soll ich mit der Information hier in Köln, Hamburg oder Bad Reichenhall anfangen? Adventsschmuck rauskramen und Weihnachtsmusik auflegen?« Nein, liebe Freunde der gepflegten Winterromantik – das könnt ihr natürlich machen … oder auch sein lassen. Der Winter in Südamerika ist deswegen für mich so wunderbar, weil mir mein geliebter Sohn Donald, der sich zurzeit in Bolivien aufhält, bei unserem letzten Telefonat mitgeteilt hat, dass er nun doch eher nach Hause kommen will. Zurück ins warme Europa. Das fand ich als treusorgende Mutter natürlich ziemlich spitze, wie man sich lebhaft vorstellen kann. Wobei ich noch mal an dieser Stelle klarmachen möchte, dass die mütterlichen Gefühle nur eine Seite der Medaille sind. Auf der anderen Seite freue ich mich, dass mein Sohn etwas von der Welt sehen will, dass er wissbegierig ist und neue Erfahrungen macht.

Sein Plan war: Von Bolivien erst mal zurück nach Buenos Aires, weil er da noch einen Koffer mit seinen Sachen geparkt hatte. Dort wollte er noch ein paar Tage abhängen und dann den Rückflug antreten, der ihn am 15. Juli nach Deutschland zurückbringen sollte. Wie ich Donald kenne, hat er bestimmt noch ein paar letzte Milongas besucht, um sich mit ein paar tollen Tango-Tänzen von Argentinien zu verabschieden. Mein Plan stand auch fest nach unserem Telefonat: Die Mum und ich beschlossen, dem Heimkehrer einen gebührenden Empfang zu bereiten, der ihn vor Freude aus den Tanzschuhen kippen würde. Ich hatte noch überlegt: Hoffentlich ist seine Freude auf die Heimat größer als der Abschiedsschmerz von Argentinien & Co.? Aber ich beruhigte mich, denn meistens freut man sich ja doch sehr auf seine Lieben. Und außerdem: Wenn er wieder zurückwill, würde ihn ja auch keiner aufhalten. Egal: Ich fand es angemessen, ihn zum Empfang unter anderem auch mit einer argentinischen Flagge zu begrüßen.

Faszinierenderweise war unser Labrador-Mischling *Urlaub*, seines Zeichens der »Bodyhund« von meinem Sohn, seit dem Telefonat zwischen Don und mir wie ausgewechselt. Eine große Unruhe hatte das Tier erfasst, als ob er alles mitgehört und verstanden hätte. Als ob er genau darüber im Bilde war, dass sein Lieblingsmensch wiederkommt. Und je mehr ich das große Tier beobachtete, desto sicherer war ich mir, dass es genau so war. *Urlaub* hatte es gespürt – das konnte ich eindeutig daran ablesen, wie intensiv er sich jeden Abend in das alte T-Shirt von Don kuschelte. Es war so schön zu beobachten! Wahrscheinlich hat sich auch die Freude von der Mum und mir auf den Hund übertragen, die sind ja auch nicht blöd, die Tiere.

Und so zählte die ganze Familie die Tage runter bis zum 15. Juli, dem großen Tag der Rückkehr. Kleinigkeiten wie die Tatsache, dass Donalds Rückflug über Barcelona nach Düsseldorf ging, waren zwar nervig, konnten aber unsere Freude nicht trüben. Sein Vater Thomas erklärte sich selbstverständlich bereit, den Jungen vom Flughafen abzuholen. Wir hatten wirklich überlegt, selber zu fahren und *Urlaub* mitzunehmen, und dann aber die Idee schnell wieder verworfen. Wir befürchteten, dass die Autofahrt, die Aufregung und der ganze Tumult am Flughafen zu viel wird für den Labrador-Methusalem.

Also konzentrierten wir uns weiter auf den Heimempfang, auch Essenswünsche durfte der Heimkehrer äußern. Da Donald natürlich wusste, dass bei uns Sommer ist, wünschte er sich Ääpelschlot, das ist das kölsche Wort für Kartoffelsalat. Und Eis. Was wir sowieso immer in rauen Mengen am Start haben, denn Don liebt Eis. Herrschaften, ihr könnt euch nicht vorstellen, wie gerne dieser Junge Eis isst, ihr macht euch kein Bild davon. Es ist durchaus nicht unüblich, dass Donald sich schon zum Frühstück eine große Portion Eis reinschaufelt. Ich vermute, dass ich für die Geschichte verantwortlich bin, da ich mich in der Schwangerschaft hauptsächlich von Eis ernährt habe. Ich erinnere mich daran, weil es damals auch so ein flirrend heißer Sommer war und ich mit meinem dicken Bauch Abkühlung im Eiscafé gesucht habe – wen wundert's also, dass der Herr Sohn auch für sein Leben gerne Eis isst.

Dann endlich war der große Tag da – Thomas fuhr nach Düsseldorf und die Mum und ich bereiteten das Haus vor. Die bereits erwähnte argentinische Flagge hängten wir aus einem Fenster im ersten Stock – das sah schon mal sehr schick aus. Ich hatte noch extra eine Begrüßungsleinwand gestaltet, natürlich auf Spanisch: »Bienvenida a casa nuestros corazon, Don Antonio!« Als kleinen Willkommenstrunk gab es selbst gemachten Limoncello, aus ungespritzten Ibiza-Zitronen aus unserem Garten. Dass wir überhaupt noch was von dem leckeren Likörchen hatten, grenzte fast an ein Wunder und war nur dem geliebten Heimkehrer geschuldet … sonst hätten wir das verteufelt schmackhafte Zeug schon längst selber weggesüffelt. Außerdem hatte ich Boxen aufgestellt, damit wir laut den Lieblingstango meines Sohnes abspielen konnten: »Por una cabeza«, ein hochdramatisches Stück Musik – wie immer beim Tango! Es geht – glaube ich – bei dem Lied um ein sehr, sehr spannendes Pferderennen, denn übersetzt heißt das wohl »um eine Kopflänge«. Wie auch immer! Auf jeden Fall hatte ich Thomas gebeten, kurz vorher anzurufen, damit das mit der Musik auch klappt. Schließlich ist das verdammte Stück gerade mal nur kurz über zwei Minuten lang.

Meine Freundin Beate, die tollerweise mit *Urlaub* regelmäßig spazieren gegangen ist – sozusagen als Donalds Urlaubsvertretung –, bat mich inständig, das Wiedersehen der beiden zu filmen, wenn Don reinkommt.

Ria, also die Mum, stand im Flur und rief völlig aufgeregt:

»Ich sare, wenn dä Jung kütt.« Es war geflaggt, das Empfangsschild hing in der Haustüre, die Musik war startbereit – alles und alle waren startbereit. Das Warten war kaum auszuhalten. Die Mum war ein komplettes Nervenwrack: »Näh, also Warteschlange is nix für mich!«

Gerade als ich beschlossen hatte, schon mal die Hunde aus dem Garten zu holen, hatte Thomas wohl angerufen, denn die Mum schrie auf einmal völlig hektisch, »dä Jung kütt, Musik – dä Jung kütt!«. Musik an, Hundegebell, Stimmengewirr – und dann kam Donald rein, freute sich … und *Urlaub* raste an ihm vorbei auf Thomas zu, der noch im Vorgarten stand. Da hatte der alte Labrador nicht richtig geguckt, und zu seinem Pech sehen sich Vater und Sohn auch noch sehr ähnlich. Don guckte etwas konsterniert und meinte nur: »Das habe ich mir aber anders vorgestellt!« In dem Moment hatte *Urlaub* seinen Fehler geschnallt und es gab kein Halten mehr – mein Sohn und sein Hund waren hin und weg und nicht mehr zu trennen in ihrem gemeinsamen Wiedersehensrausch. Dazu dudelte der Tango, die Mum und ich kreischten vor Freude … es war der helle Wahnsinn, Gefühlsoverload, der komplette Familiendurchdreher!

Einen Tag vorher hatten wir uns noch geschrieben, da war ich eigentlich noch ganz cool gewesen – also für meine Verhältnisse. Vielleicht aber auch nur, weil das Thema so banal war … Donald regte sich darüber auf, dass der Reißverschluss an seinem Koffer kaputt und er deswegen mies drauf war. Und jetzt, circa 24 Stunden später, waren alle wie verrückt vor Freude und umarmten sich, es war einfach nur aufregend und schön. Ich konnte noch nicht mal heulen, weil einfach alles zu schön war … zu viel Adrenalin, zu wenig Rührung.

Der Limoncello drehte eine Runde, wir prosteten uns lecker zu und feierten Donalds Rückkehr. Ich habe es sogar geschafft, in dem ganzen Trubel für Beate ein kleines Video von Don und »seinem« *Urlaub* zu machen. Ich war so glücklich und dachte immer nur die ganze Zeit: »Wie geil ist das denn? Don ist wieder in da house!«

Abends wurde es noch mal kurz aufregend: Als Donald mit seinem Freund Timo und dessen Freundin essen ging und das Haus verließ, drehte der arme *Urlaub* komplett durch … er jaulte und heulte hörbar schmerzhaft, so etwas habe ich noch nie von einem Hund gehört. Ich versuchte, das arme Tier zu trösten, indem ich ihm immer wieder sagte, dass sein Donald gleich wiederkommen würde. Wir legten uns zusammen auf das Sofa und dann konnte ich den großen, zitternden Hund einigermaßen beruhigen. Herrschaften, da sag mir noch mal irgendeiner, »so ein Hund ist doch nur ein Tier!«. Tier ja, aber eins mit großer Seele und tiefen Empfindungen.

Spät in der Nacht, als Donald wiederkam, wich der Hund nicht von seiner Seite und alles war gut. Ich jedoch war so glücklich, dass an Schlaf nicht zu denken war. Nix pennen, meine Gedanken kreisten unermüdlich um den Tag, die ganzen Eindrücke und die verrückten Abläufe des Lebens.

Wenn ein geliebter Mensch nach so vielen Monaten wiederkommt, dann merkt man erst recht, wie stark man miteinander verbunden ist. Die Mutter in mir ist immer in Sorge um das Kind, aber sich gleichzeitig auch völlig darüber im Klaren, dass Loslassen ein ganz wichtiges Element dieser Verbindung ist. Ein sehr kluger Mensch hat mal gesagt: »Nur wer gerne gehen darf, der kommt auch gerne wieder.« Und das ist eben das Kunststück jeder Beziehung. Das Kind in die weite Welt zu entlassen in der Hoffnung, dass es gerne und immer wieder zurückkommt, egal, wie alt es ist oder ob es eine eigene Familie gegründet hat. Und natürlich bin ich mir darüber im Klaren, dass sich jetzt trotz der Rückkehr von Donald viel, wenn nicht sogar alles ändern wird. Der Junge wird weiter seinen Weg gehen, und das bedeutet Studium, Arbeit und weitere Ablöseprozesse von zu Hause, von mir und dem Rest der Familie. Und so soll es ja auch sein. Ich bin mir sicher, dass Donald immer wieder gerne zurückkommen wird.

Für mich bedeutet das natürlich auch, dass ich auf meinem Weg in die Zukunft noch häufiger alleine sein werde. Viele Abschiede stehen noch bevor, und mancher wird ohne Rückkehr sein. Aber das schockt mich nicht, das macht mir keine Angst. Denn dass ich noch hier bin, auf dieser Welt – das ist für mich kein Zufall, denn Zufälle – ich sage es gerne noch einmal – gibt es für mich nicht.

Ich bin auf dem Weg vom Koma in das große Ungewisse zurückgeschickt worden, und ich habe diese Entscheidung, diesen Vorschlag angenommen. Weil ich eben noch nicht fertig bin mit dem Leben. Ich weiß nicht, wer mich noch alles in Zukunft brauchen wird – aber mit meiner Hilfe kann jeder rechnen, der zu meiner Familie und meinen Freunden gehört. Ist es nicht sogar so, dass jeder in seinem Leben aktiv nach etwas suchen sollte, wo er oder sie »gebraucht« wird? Dass jemand Freude empfindet, dass ich / du / er / sie existiert? Und vielleicht – darüber würde ich mich sehr freuen – denkt ihr euch beim Lesen dieser Zeilen sogar: So ein Buch wie dieses habe ich gebraucht, das gibt mir Kraft und Mut. Jetzt nehme ich mir fest vor, wieder aus dem Quark zu kommen. Schluss mit dem Gejammer, das Glas ist halb voll und nicht halb leer. Ich unternehme was, egal, wie behindert, krank oder gesund ich bin. Ich suche etwas, was mir Spaß macht.

Mein Leben ausfüllt. Ich suche Menschen, die mich brauchen und meine Lebensfreude steigern.

Donald ist ein gesunder, junger Mann, der genau das alles auch noch vor sich hat. Eine Lektion hat er gerade schon gelernt. Alleine weggehen, in fremder Umgebung zurechtkommen, neue Dinge lernen, andere Umstände akzeptieren. Und gleichzeitig hat er gelernt: Ich bin nicht alleine. Meine Familie ist immer da, meine Familie liebt mich und hilft mir. Ich kann jederzeit wieder zurückkommen und werde geliebt, wieder aufgenommen. Mich kurz ausruhen, bevor ich wieder weiterziehe. Das ist sehr schön, das ist ein gutes Gefühl.

Wir alle brauchen eine Heimat, einen Ort, an dem wir sicher sind. An dem wir gesehen, respektiert und beachtet werden. Das gilt vor allem für Kinder: Wenn sie kein Urvertrauen haben, wenn sie zu Hause keine festen Wurzeln bilden konnten … dann werden sie vom Gegenwind des Lebens zu leicht durchgeschüttelt und vielleicht aus der Erde gerissen. Wer aber gute Wurzeln, ein gesundes Urvertrauen und einen sicheren Hafen hat, der wird die Stürme im Laufe eines jeden Lebens besser aushalten und ertragen können.

Also – um mein Kind mache ich mir keine Sorgen mehr. Und was mich betrifft: Auch wenn ich nicht weiß, was alles noch auf mich zukommt: Ich liebe das Leben, so grausam und schön wie es ist. Kennen wir nicht alle den Spruch: Ist das Leben nicht schön? Ja, das Leben ist schön – und manchmal eben nicht … Aber es ist das einzige, was wir haben. Also mache ich das Beste daraus und gebe auf keinen Fall auf. Was die Zukunft angeht, halte ich es mit den Doors und zitiere den »Roadhouse Blues«: »The Future is uncertain and the end is always near.«

Klar, irgendwie schon. Aber mir gefallen die Beatles in

ihrem Song »The End« noch besser: *»And in the end, the love you take is equal to the love you make.«*

Und für alle, die es mehr mit einem Achselzucken lieben, hier noch ein tolles Zitat von Bob Dylan: *»Life is more or less a lie, but then again that's exactly the way we want it to be.«*

Was immer auch das Leben ist, ich habe vor, den Rest von meinem zu leben, wie es mir gefällt. Und nicht den meiner Krankheit. Und wenn ich eines Tages Niederlagen einstecken muss, dann wird es eben so sein. Aber vorher weiche ich nicht einen Zentimeter zurück, ihr Schätze.

»Obwohl ich in derselben Künstleragentur wie Gaby Köster bin, habe ich diese wunderbare Frau leider nur einmal ganz kurz auf Tills Geburtstagsfeier kennenlernen dürfen. Ich hoffe, dass wir eines Tages etwas mehr Zeit und Ruhe haben, denn ich möchte ihr mal persönlich sagen, wie sehr sie mein künstlerisches Leben beeinflusst hat: Ihre Komik, die sehr durch ihre enorme Schlagfertigkeit, Dynamik und ihr überbordendes Temperament geprägt ist, muss jeden beeindrucken, der jemals auf einer Bühne gestanden hat oder stehen will. Ihre positive Energie und ihre immer noch ungebremste Lebensfreude sind für mich ein steter Quell der Inspiration. Dass Gaby Köster einfach nicht aufhört und weiterhin Menschen zum Lachen bringt, ist einfach großartig. Die Welt braucht mehr Menschen wie Gaby Köster.«

Lisa Feller, Comedienne und Schauspielerin

Que sera, sera – Licht und Liebe

So, ihr Schätze. Wir nähern uns dem Ende des Buches. Wie beim *Schnupfen*-Buch wird es zum Abschluss ein Kapitel von meinem geliebten Freund und Co-Autor Till Hoheneder geben, in dem der Herr Graf erzählt, wie es ihm in der Zeit seit unserem großen Bucherfolg ergangen ist. Für Till war es das erste Buch, das er überhaupt mit jemandem geschrieben hatte. Ich glaube, der Erfolgsdruck lastete damals sehr auf uns, wobei ich natürlich noch ganz andere Sorgen hatte nach dem drecksdrisseligen Schlaganfall. Ich musste ja körperlich auch wieder einigermaßen in Schuss kommen. Wir waren damals jedenfalls sehr froh, dass wir das Buch so geschrieben haben, wie wir es wollten, und dass die Menschen es so geliebt haben. Till hatte damals Probleme, Grenzen zu ziehen, er hat viel von meinem Leid aufgenommen, und ich bin sehr glücklich, dass er dieses Mal diesen Fehler nicht wiederholt hat. Er ist ein hochsensibler Mensch wie ich, aber viele lassen sich durch unsere laute Komik und große Klappe eben täuschen und denken, wir wären robuste Spaßmacher, die immer vergnügt und gesellig sind. Dabei lenken wir mit unserer Komik nur allzu gerne von unserer stillen, sensiblen Seite ab.

Während ich dieses letzte Kapitel schrieb, befand ich mich schon im Urlaub auf meiner geliebten Insel Ibiza. Vier Wochen in meiner Finca, meiner Ruheoase und Kraftstation. Der Knaller: Wir sind von Deutschland pünktlich weggeflogen, das habe ich seit Jahren nicht mehr erlebt, weder bei Inlands- noch bei Auslandsflügen. Ob dieser unglaublichen Tatsache stand ich so unter Schock, dass ich die erste Nacht im Haus kaum pennen konnte. Habe ich nicht noch vor ein paar Kapiteln behauptet, wie gut ich immer auf der Insel schlafen kann? Und jetzt das! Da habt ihr es, Kinders, nix is fix – es ist doch immer was los und zweitens kommt es anders!

Aber es hat sich alles in den nächsten Tagen wieder beruhigt und ich konnte wieder schlafen wie ein Stein. Obwohl viele Mücken es sich offensichtlich zur Aufgabe gemacht haben, mir von meinem Blut so viel abzuzapfen, dass sie sämtliche Moskito-Kolonien auf ganz Ibiza damit versorgen können. Oder ich bin einfach zu lecker … was soll's? Ich bin einfach nur sauglücklich und genieße die Zeit.

Allerdings gibt es außer »Ferien« noch einen anderen Hauptgrund für mein tief empfundenes Glück: Es gibt einen neuen Sheriff in der Stadt, genauer gesagt, einen neuen Mann in meinem Leben! Nein, Herrschaften – es handelt sich nicht um ein Dreibein, sondern um ein neues Fünfbein namens *Charlito*!

Charlito ist ein zweieinhalb Kilogramm schwerer Chihuahua-Rüde, den ich unbedingt aus einer Tierauffangstation retten musste. Ich gehe ja, wenn ich auf der Insel bin, oft ins Tierheim. Und da habe ich *Charlitos* Foto gesehen. Aber da hat es noch nichts »genützt«! Der Hammer war allerdings – und mal wieder der Beweis für mich, dass es keine Zufälle gibt: In der Nacht habe ich dann von meinem geliebten *Taxi* geträumt. Ich schwöre Stein und Bein, wenn auch nur ein gesundes. *Taxi* hat zu mir gesagt: »Rette Charlito, du hast mich auch gerettet, jetzt musst du ihn auch retten!«

Alles klar, liebe Freunde der gepflegten Traumdeutung – von da an wusste ich natürlich, was zu tun ist. Hätte ich etwa *Taxi* enttäuschen sollen? Nie und nimmer. Der Auftrag war ganz klar und ich habe ihn selbstverständlich prompt ausgeführt, wie es sich gehört. Und was soll ich euch sagen, Kinders? Ich bin so wahnsinnig glücklich über meinen neuen Begleiter, dass ich nur noch schreien könnte. Huuuurrrr-raaaa! Endlich habe ich wieder männlichen Schutz … ja, ihr braucht gar nicht zu grinsen, aber der kleine Kerl hat dermaßen Kawumm und Testosteron unter der Haube, das glaubt ihr nicht! Ich kann es kaum erwarten, wenn ich ihm in Köln den Rest des Rudels vorstelle und wir gemeinsam mit dem Gabymobil zu Heikes und Antons Künstlerfrühstück fahren.

Ihr seht also, dass mir auch in Zukunft nicht langweilig werden wird. Der Tod hat mir *Taxi* genommen, aber ich habe *Charlito* gefunden. Ein Liebster musste gehen, ein anderer kommt. So ist das Leben, nichts ist für immer. Mit diesem Bewusstsein ist es umso wichtiger, der Zukunft positiv entgegenzusehen. Wenn ich mich nur davor fürchte, was mir eventuell passieren kann, wie soll ich mich dann auf morgen freuen? Da wache ich doch lieber jeden Morgen auf und freue mich darüber, dass ich noch lebe. Und suche aktiv nach den schönen Dingen, die Liebe und Licht in mein Dasein bringen. Deswegen ist mir auch niemals langweilig, ich habe immer etwas zu tun und ständig neue Ideen. Denn das tut mir gut und bringt mich weiter. Stillstand ist Rückstand. Zum Beispiel wollte ich immer schon gerne eine Ausstellung mit meinen Bildern machen, was ich auch in die Tat umgesetzt habe … vielleicht male ich, wenn ich wieder in Köln bin, fleißig weiter und verfolge diesen Weg weiter? Was weiß ich? »Anyway the wind blows«, wie es so schön in »Bohemian

Rhapsody« von *Queen* heißt. Oder wie der Häuptling, Keith Richards von den Stones, immer sagt: »It's great to be here, it's great to be anywhere!« Hauptsache ist eben, dass du noch »da« bist, auf der Erde wandelst und Spaß hast am Leben.

Was die Mum angeht – ich bin dankbar für jeden Tag, an dem sie bei uns ist. Und auch in diesem Fall lasse ich mir nicht von der Angst, dass sie eventuell bald sterben könnte, mein Leben und meine Lebensfreude vermiesen. Wie sagen wir Kölner immer: Et kütt, wie et kütt. Also: weiterfreuen, kannst eh nix machen.

Mein Sohn Donald wird seinen Weg gehen, entweder studiert er Elektrotechnik oder geht erst mal als Elektriker arbeiten, das kann er sich ja noch in Ruhe überlegen. Er meinte, dass er irgendwann im Jahr 2020 ausziehen möchte, und ich bin die Letzte, die ihm Steine in den Weg legen wird. Egal, was das für mich bedeuten kann oder wird. Ich freue mich einfach, dass der Junge so gut geraten ist, und liebe ihn über alles. Punkt.

Ihr lieben Menschen, vergesst mir bitte nicht: So banal es auch klingt, eine Sache liegt mir wirklich noch sehr am Herzen: Vergesst mir die Liebe nicht! Die Liebe zu Mensch und Tier. Man muss kein Christ sein, um diesen Satz zu beherzigen und danach zu leben, der macht auch ohne Religion Sinn:

Liebe deinen Nächsten wie dich selbst!

Und das gilt für alle Menschen, jedes Lebewesen. Liebe ist die Lösung. Nicht Gewalt, nicht Ausgrenzung, Abgrenzung, Diffamierung – nein, nur Liebe bringt uns weiter und wird uns retten. Klingt dramatisch, ich weiß. Aber angesichts der Verrohung der Sprache und Sitten in der Gesellschaft und den sozialen Medien, der immer mehr um sich greifenden Gewalt auf der Welt … des schäbigen Populismus, der uns vorgaukeln soll, dass wir alle Probleme regeln können, wenn wir uns nur um uns selbst kümmern … sage ich eben: Love the one you're with, liebt eure Mitmenschen! Liebe ist die Antwort. Was immer auch sein wird, was immer auch kommen mag.

Bleibt gerade, ihr Schätze. Lasst euch nicht verbiegen. Auch wenn wir nicht alle immer mit dem Arsch in der Butter hängen und vielen das Leben arg zugesetzt hat – sucht nach dem Glück, nach dem Positiven, nach den Dingen und Menschen, die euch aus dem Dunkeln helfen können … zurück ans Licht. Und sucht nicht nur nach den dicken Dingern – oft liegt das Glück auch im Kleinen. Eine Tasse Kaffee im Garten, ein schönes Lied, eine Kugel Eis … manchmal braucht es so wenig.

Wenn ihr nicht mehr so beweglich seid: Lest viel, geht mit einem guten Buch auf die Reise, schaut einen guten Film, der euch mitnimmt in eine andere Welt. Ich weiß, dass das vielleicht angesichts eures Schicksals banal klingen kann – aber trotzdem sage ich es. Um euch Mut zu machen, liebe Freunde. Ich hoffe, dass alle da draußen, denen es körperlich so wie mir geht oder sogar noch viel schlechter – ich hoffe, dass ihr euren Mut nicht verliert, euren Lebenssinn erhalten könnt und alles dafür gebt. Da würd ich mich wahnsinnig freuen, und deswegen wünsche ich euch allen viel Kraft, Licht und Liebe.

Tills Geschichte

Die Gespräche, die ich führe, wenn ich Menschen neu kennenlerne, haben eine immer wiederkehrende Konstante. Ich sage: »Ich bin Autor, Co-Autor beziehungsweise Ghostwriter. Ich schreibe Bücher mit Menschen, die nicht so gut schreiben können, aber viel zu erzählen haben.« Daraufhin will mein Gegenüber natürlich wissen: »Was haben Sie denn für Bücher geschrieben?« Dann antworte ich meistens: »Mit Gaby Köster *Ein Schnupfen hätte auch gereicht*.« Und dann passiert zu 99 Prozent immer dasselbe: Die Leute bekommen einen freundlichen, gütigen Gesichtsausdruck und fragen mich interessiert: »Wie geht es denn der Gaby?« Und dann erzähle ich, dass es ihr gut geht. Das freut sie alle, Gaby lässt niemanden kalt. Selbst wenn die Leute keine Köster-Sympathisanten sind und »ihre Sendungen nie so gemocht haben« – die Person, den Mensch Gaby Köster mögen die meisten dann irgendwie doch. Oder die Projektion, die sie von ihr haben. Was ja auch okay ist, da die wenigsten von uns »Promis« kennen, basteln sich alle ihr Bild von Gaby Köster oder Herrn / Frau XY aus Presse, Fernsehen und einem guten Schuss eigener Fantasie zusammen. Geht in Ordnung, auch wenn es mit der Realität oft wenig zu tun hat.

Auf jeden Fall bin ich durch das *Schnupfen*-Buch auch für die Öffentlichkeit auf ewig mit Gaby verbunden. Was ich ja sowieso bin, da wir schon *vor* ihrem Schlaganfall dicke Freunde waren und es auch immer noch sind. Aber dieses Buch hat mein Leben nachhaltig verändert. Auf mehreren Ebenen. Nachdem das Buch damals veröffentlicht wurde, gab es keine Bestsellerliste, die es nicht wochenlang angeführt hat. Platz 1, das ist ein Traum. Ich hatte noch nie ein Buch *mit* jemandem zusammen geschrieben, alleine sowieso nicht. Schon gar nicht unter solchen Umständen: Deine beste Freundin kämpft mit den Folgen ihres Schlaganfalls. Keiner weiß, ob sie je wieder arbeiten kann in ihrem Beruf. Sie muss Geld verdienen, um weiterhin die Familie zu ernähren. Und *ich*, der keinerlei Erfahrung hatte als Autor, sollte mit ihr dafür sorgen, dass durch ein erfolgreiches Buch Geld zum Leben in die Kasse kommt. Der Druck, zu scheitern, war bleischwer und für mich immer präsent. Aber ich habe mit Gaby dieses Buch geschrieben, weil ich meine Freundin auf gar keinen Fall hängen lassen wollte und weil ich selber dringend Geld brauchte. Ein sehr unromantischer Umstand, aber ein existenzieller. Gott sei Dank ist ja alles gut gegangen. Gaby und ich haben uns reingehängt, alles gegeben und wurden mit Erfolg belohnt. Dadurch konnte ich sogar meine dritte Karriere starten. Danach habe ich nämlich auch sehr erfolgreich mit anderen Künstlern zusammengearbeitet: Atze Schröder, Horst Lichter, Lisa Feller, Mike Krüger und Kester Schlenz – danke für euer Vertrauen, die Ehrlichkeit, Ernsthaftigkeit, Tränen und den Spaß, den wir hatten.

Privat war es 2011 mit der Geburt meines Sohnes Jakob auch wieder sehr lebhaft und chaotisch geworden, wie das nun mal so ist mit kleinen Babys im Alltag. Und da Gaby sich auch mit ihrem neuen Leben und den daraus resultierenden Problemen herumschlagen musste, verloren wir ein wenig den persönlichen Kontakt zueinander. Das haben wir aber beide nicht als »schlimm« empfunden, denn durch unsere Freundschaft vor dem Schlaganfall, die lange Arbeit an dem Buch, dem Hörbuch und den Interviews waren wir uns so nahegekommen, dass uns der Abstand überhaupt nichts anhaben konnte. Vielleicht sogar auch notwendig war, um nicht permanent an die gemeinsame Geschichte erinnert zu werden. Denn wie tief diese Erlebnisse uns geprägt und gepeinigt hatten, merkten wir beide wohl erst wieder, als wir uns mit dem Film zum *Schnupfen*-Buch auseinandersetzen mussten. Das Drehbuch, die ganzen Diskussionen um die Umarbeitung unseres Textes und was alles sonst noch in den Jahren passierte, als an dem Film gearbeitet wurde, brachte Erinnerungen zurück, auf die weder Gaby noch ich sonderlich scharf waren. Und ich war noch wesentlich weniger involviert in den Film als Gaby.

Aber mir ist schnell klar geworden: Das Buch konnte nicht der Film sein, der Film war etwas völlig anderes, ein eigenes Werk. Und das hatte ein Recht auf ein Eigenleben. Also spielte ich mich nicht als Gralshüter unseres Buches auf, sondern begriff, dass ich das Filmprojekt einfach helfend begleiten könnte, falls gewünscht, und ansonsten mich damit abfinden sollte, dass der Film gar nicht den Anspruch hatte, unsere beziehungsweise Gabys Geschichte im kleinsten Detail wahrheitsgemäß wiederzugeben. Ich möchte an dieser Stelle auch die bekannte Drehbuchautorin Rodica Doehnert erwähnen, die sich wahrlich bemüht hat, aus unserem Buch ein würdiges Drehbuch zu machen, wenngleich ihre Bemühungen bei vielen Verantwortlichen vielleicht nicht immer auf fruchtbaren Boden fielen. Damit ich nicht auch zwischen die Fronten von Sender, Produzent oder Redakteuren geriet, hielt ich mein Engagement auf sehr kleiner Flamme.

Ich half nur mal hier und da bei der »Kosterisierung« des Drehbuchs mit. Jemanden zu finden, der dieser Aufgabe gewachsen wäre, Gaby zu verkörpern, kam mir im Vorfeld des Filmes sowieso wie ein unlösbares Rätsel vor: Wer sollte bloß eine solche Urgewalt wie Gaby darstellen? Diesen lebensfrohen, komödiantischen Vulkan? Diese zärtliche, kratzbürstige, schlagfertige und jegliche Autorität ablehnende Frau mit dem Temperament einer heißblütigen Sizilianerin?

Irgendwann rief mich unser Manager Jonas Wagner an und teilte mir in einem Nebensatz lapidar mit, dass man sich für Anna Schudt als Gaby Köster entschieden hätte. Ich war baff. Anna, wer? Anna Schudt, etwa die vom »Tatort« Dortmund? Als Hauptkommissarin Martina Bönisch fand ich sie klasse, aber von »Gaby« war die Rolle so weit weg wie nur sonst was. Ich konnte sie mir darin so gar nicht vorstellen, beim besten Willen nicht. Bis Jonas mir ein Foto schickte von Anna, auf dem sie wie Gaby zurechtgemacht war. Da hat mir zum ersten Mal der Atem gestockt. Okay, optisch geht's, habe ich noch gedacht. Aber den Rest kriegt sie nicht hin, niemals, never. Den Dialekt, die Schnelligkeit, dieser ewig auf der Rasierklinge tänzelnde Charakter, immer zwischen Vollgas und Vollbremsung – das ist zu viel Persönlichkeit, da kann man nur dran scheitern, wenn man so jemanden wie Gaby »darstellen« soll.

Aber da kannte ich die Schauspielerin Anna Schudt noch nicht. Wusste noch nicht, wie brillant diese Frau in ihrem Beruf ist. Das sollte sich ändern, denn irgendwann hatte ich sie dann selber am Telefon: Sie wollte sich unbedingt mit mir über Gaby unterhalten. Ob ich bereit wäre, mich ehrlich über Gaby zu äußern, damit sie sich ein Bild für ihre Rolle machen könnte? Ich war bereit. Wir haben zweimal über zwei Stunden telefoniert und Anna hat mich tausend Dinge gefragt. Sie hatte Gaby kennengelernt, das Buch aufmerksam auch zwischen den Zeilen gelesen und schürfte mit ihren feinfühligen Beobachtungen und Interpretationen nach weiterem Gold. Schon am Telefon fand ich sie wunderbar feinfühlig und liebenswert. Ab da war ich mir sicher: Die schafft das.

Monate später war es dann so weit. Ich erhielt einen Link zu einem Server, auf dem der Film im Rohschnitt zu begutachten war. Ich machte es mir auf dem Sofa bequem und startete den Film. Keine gute Idee: Nach zehn Minuten war ich absolut nicht mehr in der Lage, auch nur ansatzweise weiterzugucken. Das war nicht Anna Schudt, die ich da auf meinem Monitor agieren sah. Das war eigentlich Gaby Köster, wenn man sich nicht permanent zwickte und es nicht besser gewusst hätte. Ich fand es so unheimlich und beängstigend, aber trotzdem sehr vertraut und intim zugleich. Es war völlig unmöglich für mich, das ungemein intensive Schauspiel von Anna anzusehen und gleichzeitig meine ausbrechenden Emotionen zu kontrollieren. Das war einfach zu viel für mich, absoluter Overload. Ich musste den Fernseher ausmachen, durchatmen und erst mal 'ne Runde heulen. Da war sie, meine »alte« Gaby, wie ich sie immer noch in meiner Erinnerung abgespeichert hatte. Vor dem beschissenen Schlaganfall. Das war echt ein Schluck aus der Pulle, ich beschloss sicherheitshalber, den Film erst am nächsten Tag weiterzugucken. Meine Gedanken zu sortieren. Und während ich so beim Einschlafen darüber nachdachte, warum ich so aufgewühlt war, dämmerte mir, dass ich die ganze Tragödie natürlich nicht komplett verarbeitet, sondern nur zwischengelagert hatte.

Ich war fasziniert, wie stark der Wunsch noch in mir war,

die ganze Zeit und Gabys Schlaganfall wieder rückgängig machen zu können. Wie ein trotziges Kind, das sich nicht mit der Realität abfinden will. Dann kam mir der Gedanke: Oh Gott, wenn es mir schon so geht, wenn ich den Film sehe – wie unerträglich verrückt mag es dann wohl für Gaby, die Mum und Donald sein, sich diese bewegten Bilder anzuschauen? Ich ermahnte mich, angesichts dieses Gedankens wieder runterzukommen und mich um Gaby zu kümmern.

Am Tag darauf telefonierte ich mit Gaby. Sie hatte mit Donald wie erwartet natürlich noch viel Schlimmeres durchgemacht beim Anschauen des Films. Und das, obwohl sie durch Besuche am Filmset schon ahnte, wie genial Anna Schudt diese Wahnsinnsaufgabe »being Gaby Köster« umgesetzt hatte. Es tat gut, mit Gaby über den Film zu sprechen. Sie fand es zwar auch sehr heftig, war aber auch gleichzeitig froh darüber, einmal das ganze Malheur – wenn auch nicht 1:1 umgesetzt – sozusagen im Spiegel zu betrachten. Sich »selbst« zu sehen. Und wie sie mir sagte, hat ihr das auch unheimlich geholfen, ihren Sohn Donald besser zu verstehen. Seine Ängste, seine Sorgen, seine Überforderung mit einer halb toten Promi-Mutter im Koma. Wahnsinn. Natürlich ist es schwer, das alles zu realisieren, wenn man selber damit beschäftigt ist, ob es sich überhaupt lohnt, sich in ein Leben zurückzufinden, von dem man nur weiß, dass es niemals so sein wird wie das alte, das hinter dir liegt.

Und wie wir so am Telefon darüber sprachen, beschloss ich, keine Angst mehr vor dem Film zu haben. Noch mehr, ihn sogar gut zu finden. Ich versuchte es mit Pragmatismus: Wenn der Film mir dabei helfen kann, die ganzen Erlebnisse letztendlich zu verarbeiten, dann ist das doch eine prima Sache und gut für meinen Seelenfrieden.

Und so kam es dann auch. Nachdem ich einmal »durch«

war, ließ ich alles sacken und las mir sogar das Buch noch einmal durch. Ziemlich beglückt stellte ich fest, dass ich mit mir und dem Leben im Reinen war. Das war für mich die optimale Vorbereitung auf die große Filmpremiere in einem altehrwürdigen Kölner Kino. Ich war glücklich, den Film auf der großen Leinwand zu sehen und Anna Schudt endlich auch einmal persönlich kennenzulernen. Später, als ich mit unserem Freund und Manager Jonas ins Hotel Savoy zurücktrabte – inklusive der wirklich netten Regisseurin Christine Hartmann –, waren wir einfach nur glücklich, dass dieses langwierige Kapitel Film endlich ein würdiges Ende gefunden hatte. Was natürlich nur für den Film galt, denn das Buch wurde durch den Film erneut in die Bestsellerlisten gespült und weckte das etwas abgekühlte Interesse an Gabys künstlerischen Aktivitäten. Und so war es nicht weiter verwunderlich, dass Gaby und ich bald wieder mit Jonas in einem Café saßen und an neuen Texten für ein Bühnenprogramm arbeitete. Wir schauten, was wir noch von *Wer Sahne will, muss Kühe schütteln* (das Programm, das Gaby angefangen hatte zu spielen, als sie der Schlaganfall traf) benutzen wollten, und arbeiteten an neuen Themen für das Programm *Sitcom*. Der Titel sollte einerseits darauf hinweisen, dass Gaby während der Performance sitzen würde, es sich aber trotzdem um eine Comedy-Veranstaltung handele.

Ich habe mich sehr gefreut, dass Gaby wieder auf die Bühne ging. Klar, das damals war eine andere Gaby Köster. Die zehn Jahre, die seit dem Schlaganfall vergangen sind, haben körperliche Spuren hinterlassen. Aber ihr unbedingter Wille, rauszugehen und Menschen zum Lachen zu bringen, ist beeindruckend. Sie möchte nicht nur auf ihre Krankheit reduziert werden, sie will den Leuten zeigen, dass man sich seinem Schicksal nicht ergeben muss. Dass Aufgaben, dass

Teilnehmen an der Gesellschaft und Optimismus anstrengend sind, aber viel dazu beitragen, Lebensqualität zu gewinnen und Zufriedenheit auszustrahlen. Etwas, was so oft noch nicht mal gesunde Menschen hinbekommen, wenn man mal ehrlich ist. Gejammer höre ich von Gaby selten. Eher eine kurze, sachliche Feststellung mit dem Hinweis, dass das Leben lebenswert und schön ist – von »einfach« wäre nie die Rede gewesen. Und da hat sie recht, meine liebste Gaby. Ich bin ihr für solche Wahrheiten immer dankbar gewesen, wer weiß, wo ich ohne sie gelandet wäre. Ich bin echt kein Nostalgiker, aber eins ist klar: Unser *Schnupfen*-Buch hat sehr traurige und unromantische Inhalte, Gabys schwere Krankheit und meine Existenzängste.

Im Zuge der Schreibarbeiten habe ich – Gaby hat das ja schon anklingen lassen – vergessen, mich zu schützen: Ich habe mich sehr mit Gabys Leid identifiziert, es angenommen. Und um es angemessen zu beschreiben, habe ich nach »Trauer« in meiner Seele gesucht und bin fündig geworden. Und ich habe die Büchse der Pandora geöffnet – mein schwieriges Verhältnis zu meinem Vater. Ich habe lang überlegt und mit Gaby gesprochen. Und sie meinte, ich sollte diese Geschichte unbedingt aufschreiben: »Till, mein Schatz – es gibt keine Zufälle. Alles, was uns widerfahren ist, hat einen Sinn. Mit dem *Schnupfen*-Buch hat es angefangen und jetzt werden wir den Kreis mit dieser wunderbaren Geschichte wieder schließen!« Damit die Geschichte, die Gaby meint, einen Sinn bekommt, werde ich etwas ausholen müssen … also fange ich mal an.

Ich wollte meinen Vater sehr lieben und ich habe ihn auch geliebt. Umgekehrt schien er dies nicht zu tun. Oder besser gesagt: Vielleicht liebte er mich tatsächlich, aber seine Dämonen waren stärker. Er brachte es nicht fertig, sich zu ändern,

egal, wie oft er es versuchte und versprach. Die Lügen töteten irgendwann die letzten guten Gefühle, die ich noch für ihn empfand. Bis zum heutigen Tage weiß ich nicht, was in seinem Kopf vorgegangen ist. Es quält mich, dass ich nie den Mut hatte, ihn zu fragen, warum er nicht anders konnte oder wollte. Aber die Angst vor der Antwort war zu groß.
In meiner Kindheit gab es nur wenig Zeit, die ich mit ihm verbrachte. Am Wochenende war er immer nur ein paar Stunden mit mir und meinem älteren Bruder zusammen. Das saugten wir dankbar auf wie ein vertrockneter Spülschwamm. Er spielte Karten oder Monopoly mit uns, bis die »Sportschau« anfing. Dann durften wir mit ihm fernsehen. Am schönsten war es, wenn ein klassischer John-Wayne-Western kam. *Red River* oder *Rio Bravo*. Die schaute er gerne. Oft lag er dann seitlich auf dem Boden, und ich kuschelte mich an seine dicke Wampe. Eine Filmlänge glückselige Geborgenheit.

Als ich 14 wurde, verließ er unsere Familie. Ich hatte ab der Trennung arge Probleme mit meinem Vater. Ich kam nicht damit klar. Er versicherte mir weiterhin, dass er mich liebte. Dass er sich ändern würde. Was aber nicht geschah.

Mit den Jahren, die dann ins Land zogen, wurde meine Abneigung gegen ihn immer stärker. Er interessierte mich nicht mehr. Ich war Anfang 30, ich hatte großen Erfolg als Comedian und eine eigene Familie gegründet. Die Narben sollten verheilen, nicht dauernd aufbrechen und schmerzen. Ich beendete die Beziehung endgültig zu ihm, es war in meinen Augen die einzige Möglichkeit, mich vor weiteren schmerzhaften Enttäuschungen zu schützen.

Zwanzig Jahre später fuhr ich mit meinem drei Jahre alten Sohn Jakob – dem jüngsten von vier Kindern – in die Stadt. Es war ein herrlicher Maitag, die Sonne wärmte sich für den vor der Tür stehenden Sommer auf. Ich parkte das Auto und wir stiegen aus. Jakob wollte auf meinen Arm. Mit diesem wunderbaren Sohn kam ich wie immer an der großen Kirche auf dem Marktplatz vorbei. Ich glaube an Gott, aber ich habe keinen Vertrag mit der Institution Kirche. An diesem wunderschönen Tag war das Hauptportal der Kirche geöffnet. Und ehe ich wusste, wieso und warum, ging ich wie ferngesteuert mit meinem kleinen Jungen auf dem Arm in die Kirche.

Alles geschah wie selbstverständlich, als ob ich es genauso geplant hätte. Das Kind war still, schmiegte sich an mich und sagte nichts. Ich kramte mit einer Hand nach einem Geldstück in meiner Jeans und fand einen Euro, warf ihn in den Opferstock und nahm wie selbstverständlich zwei Teelichter. Ich ging damit zum Opferbogen, wo schon viele Kerzen brannten, entzündete die Kerzen und fand zwei freie Plätze auf dem großen Steinbogen. Alles ohne meinen Sohn abzusetzen, der weiterhin völlig ruhig war und seinen Kopf auf meine Brust gelegt hatte. Was für ein Zufall, wo das Kind doch sonst so lebendig war. Still schauten wir einen Augenblick auf die züngelnden Flammen unserer zwei Teelichter. Dann betete ich leise das »Vater-unser«. Es ist tatsächlich das einzige Gebet, das ich bis heute auswendig kann. In völliger Ruhe verließ ich mit meinem Sohn auf dem Arm die Kirche und ging weiter Richtung Innenstadt. Keine Minute später klingelte mein Telefon. Ich fummelte das Handy aus meiner Hosentasche und ging ran. Es war mein Bruder. Die Worte, die er sagte, werde ich mein Leben lang nicht vergessen: »Papa ist tot, er ist wohl gestern Nacht gestorben. Sie haben ihn heute in der Wohnung gefunden.« Ich antwortete nur: »Ich weiß.«

So, jetzt kennt ihr die Geschichte. Wie sagt Gaby immer: »Es gibt keine Zufälle.« Ich glaube, die kluge Frau Köster hat recht. Sie meinte, dass ich, der mit seinem Vater so gehadert hat, Frieden für seine Seele und Vergebung für uns beide gesucht habe, als ich da mit meinem kleinen Sohn auf dem Arm in diese Kirche »geführt« wurde. Das können alles keine Zufälle gewesen sein.

Gaby sagt, »der Kreis ist geschlossen«. Ich schließe also mit diesem Buch den Tresor wieder ab. Er ist nicht leer, ich weiß, was drin ist. Aber es macht mir keine Angst mehr, es ist kein Monster drin. Nur die Geschichte von einem Vater und einem Sohn, die miteinander verbunden waren, sich aber nicht ändern konnten. Einem Vater, der nicht anders konnte, als so zu leben, wie er es getan hat. Und einem kleinen Jungen, der darüber sehr traurig und wütend war. Beide haben versäumt, sich zu erlösen. Bis zu jenem Tag im Mai, an dem mich seine Seele gerufen hat und wir uns in der Kirche getroffen haben.

Dann ist es natürlich auch kein Zufall, dass es mit Gaby und mir weitergeht. Nicht nur mit diesem Buch. Wir bleiben speziell miteinander verbunden. Zwei »Schützen«, wir sind nur einen Tag auseinander. Wir haben uns schon immer gemocht. Platonische Liebe! Und ich bin sehr dankbar, dass ich von dieser wunderbaren Frau schon so viel lernen durfte.

Ich habe mir seit Gabys Schlaganfall abgewöhnt, über Menschen zu urteilen, die von Schicksalsschlägen oder Krankheiten gebeutelt werden. Dumme Sprüche wie »ich an deren Stelle«, »wenn ich so was hätte, dann« oder »ich kann dir genau sagen, was ich machen würde« schenke ich mir. Weil sie Makulatur sind, denn jeder Mensch ist anders. Woher wollen wir wissen, was wir machen »würden«? Ich habe keine Ahnung, was ich machen würde, wenn mich ein Schlaganfall träfe. Also halte ich schön meine Klappe und danke Gott, dass ich nicht in Gabys Schuhen stecke. Die Menschen labern immer gerne, aber an unseren Taten werden wir gemessen. Labern kann jeder. Wenn es dich jedoch erwischt, dann kannst du erst beweisen, ob du nur ein Maulheld bist oder nicht.

Gaby jedenfalls hat sich nicht großartig verändert, was ihre grundsätzlichen Charaktereigenschaften angeht. Sie ist kein Maulheld und war auch nie einer. Und ansonsten tut sie nach wie vor einfach das, wonach ihr der Kopf steht. Was ich zum Beispiel wirklich nicht so gut finde, ist ihre Raucherei. Aber die nervt mich auch bei meinen »gesunden« Freunden. Wer rauchen will, soll eben rauchen. Muss jeder selber wissen. Viele wollen Gaby vom Rauchen abbringen und »retten«, aber Gaby denkt grundsätzlich eher darüber nach, andere zu retten. So ist sie nun mal. Ob Tier oder Mensch, ist ihr dabei egal. Hauptsache, sie kann was für andere tun. So war sie auch schon vor dem Schlaganfall.

Ob sie manchmal trauriger ist, als sie zugibt? Also traurig über die Tatsache, dass vieles nicht mehr so geht wie früher, vor allem körperlich? Ja, natürlich. Aber auf alle Fälle hält sie sich nicht lange in den dunklen Räumen der Seele auf. Und das ist eine ziemlich gute Idee. Sie tut was dagegen, sie lässt sich nicht unterkriegen. Sie liebt das Leben und sie will was erleben. Und darum ist dieses Buch auch für mich nach so vielen Jahren sehr wichtig. Weil es mich lehrt, dass die lange Gerade des Lebens eben wirklich »lang« ist. Zehn Jahre nach ihrem Schlaganfall ist meine Freundin Gaby Köster immer noch da. Laut, lustig, liebevoll, menschlich und immer authentisch. Ehrlich bis zur Schmerzgrenze. Sie hat sich nicht unterkriegen lassen »von dem drecksdrisseligen Schlaganfall« und seinen Folgen. Und darum bin ich froh und stolz, dass wir die Geschichte weitererzählt haben. Denn die Geschichte der Gaby Köster ist ein gutes Beispiel für alle Menschen, denen es ähnlich geht wie ihr. Es zeigt, dass man nicht aufgeben sollte. Egal, ob man krank oder gesund ist, egal, wie lang der Lebensweg noch ist. Denn wie sagt Gaby doch immer: »Das Leben ist großartig – von einfach war nie die Rede!«

Gaby Köster sagt Danke

So, ihr Schätze – jetzt wird sich ordentlich bedankt! Und wenn man das so wie ich anständig macht, dann reichen ein paar trockene Sätze nicht aus … also dann, ich danke:

… als Erstes meiner Familie, der Mum oder ordentlich genannt: meiner Mutter Ria, die mittlerweile fast 80 Jahre ist, aber trotzdem täglich ihr Allerbestes gibt und uns verrückte Bagage liebevoll umsorgt!

… natürlich meinem Sohn Donald, dass er so ein großer Schatz ist, mein über alles geliebter Sohn und Tangokönig!

… meinem Fellnasenrudel, das mich in dunklen Stunden immer wieder aufrichtet!

… unserer Freundin Beate Bohr, die unseren größten Hund *Urlaub* in Donalds Abwesenheit zuverlässig und liebevoll sehr oft ausgeführt hat und auch sonst ein wunderbarer Mensch ist, den mir echt der Himmel geschickt hat!

… von Herzen Uschi Hütten-Späth, die mich auf der Tour und woandershin begleitet hat und auch sonst eine liebe und treue Freundin seit unserer gemeinsamen Schulzeit ist! Und ich danke ihr und ihrem Mann Rolf Späth für den tollen Ibiza-Urlaub. Rolf dafür, dass er mich sicher über alle Rolli-Hindernisse manövrierte und vieles andere.

… außerdem meinem Ex-Mann Thomas Köller, der mir die Möglichkeit gab, mich von meiner Schwiegermutter zu verabschieden.

… meinem Freund Mark Klever und freue mich sehr, dass aus einer Geschäftsbeziehung eine nunmehr jahrelange ehrliche Freundschaft wurde.

… dem großartigen Matthias, der mein Ibiza-Haus und den Garten mit viel Liebe und Einsatz hütet!

… ebenso meinen ibizenkischen Freunden Andy und Isy, die das Ibiza-Haus immer schön gemütlich machen, bevor ich komme, ihr seid meine Freunde und Hausengel!

… überschwänglich Heike Haupt und Anton Fuchs, meinen lieben Künstlerfreunden (www.caputart.de), für eure Fürsorge und die wunderbaren Atelierfrühstücke.

… Mido, dass wir uns nach über dreißig Jahren wiedergetroffen haben und herrliche Meetings auf der Terrasse haben mit guter Musik und ebenfalls guten Getränken, danke für das großartige Mother's-Finest-Konzert, lieber Mido, ich bin sehr glücklich, dass du in meinem Leben bist!

… der wundervollen und lieben Daniela Arends, die mich auf der Tour geschminkt, gefahren und begleitet hat!

Mensch, Dani, wir haben echt Strecke gemacht, wir zwei Schätze!

… Stefan Schöpe, der auf der Tour oft eingesprungen ist, wenn die anderen nicht konnten! Geschminkt habe ich mich dann allerdings selber …!

… Toni, auch ein treuer Gefährte!

… unbedingt, absolut und aus tiefster Seele meinem persönlichen Manager Jonas Wagner, der eben nicht nur Manager, sondern auch ein toller Freund ist und mich so oft durchs Land gefahren hat und anschließend noch bis nach Münster musste – unfassbar, was du da geleistet hast. Ich bin sehr glücklich, dass wir überall heile angekommen sind! Jonas, tausend Dank für deinen unermüdlichen Einsatz über all diese schweren Jahre! Du hattest es selber oft schwer genug und hast dich trotzdem immer unermüdlich für mich eingesetzt! Danke für das Gabymobil, das Teil ist der Oberknaller … und DU auch!

… Töne Stallmeyer, dem gesamten Team meiner Agentur MTS und der MTS Live für ihre wundervolle Arbeit und ihren sensationellen Support!

… Anna Schudt für ihr wunderbares Schauspiel, und dass sie die Herausforderung, mich zu spielen, angenommen und so gut gemacht hat – schließlich lebe ich ja noch! Anna, du bist der Wahnsinn!

… Gunther Burghagen, weil er als Erster die Idee und den Mut hatte, das Filmprojekt anzugehen. Danke, Gunther, für

Deinen Enthusiasmus und Deine immer freundliche Beharrlichkeit, das Unmögliche möglich zu machen.

… Michael Souvignier, der als Produzent den Mut hatte, dieses Buch zu verfilmen, und Jörg Graf für alle Unterstützung! Insgesamt danke ich allen Verantwortlichen für diese emotionale Filmreise, die mich schlussendlich nach über 20 Jahren sogar wieder nach New York gebracht hat! Danke euch allen von Herzen, never forget!

… Gabriele Iazetta für ihren Edelsteinschmuck, der mir sehr oft schnell helfen konnte, ich möchte meine Steinesammlung nicht missen!

Und zum Schluss, finally, auch wenn er das jetzt in seiner Bescheidenheit nicht gerne lesen wird … aber da muss er jetzt durch – ein fundamentales, granatendickes Danke an:

… Till Hoheneder, meinem treuen, lieben Freund und Gefühlsschreiber, der auch feinfühlig alles zwischen den Zeilen lesen kann und immer das Richtige formuliert – weil er's kann. Till, du bist unfassbar … nach all den Jahren, noch heute für mich! Ich bin soooo froh, dass wir uns haben! Danke vielmals, deine Gaby!

Till Hoheneder sagt Danke

Ich danke:

… meiner Frau Claudia, die ich über alles liebe!

… meinen Kindern, die ich ebenfalls über alles liebe!

… meiner Familie für ihre Unterstützung!

… meiner Agentur MTS, die beste Agentur der Welt!

… meinen geliebten »Brüdern« und Managern Jonas Wagner und Töne Stallmeyer, die mich jetzt über Jahrzehnte betreuen, lieben, umhegen und pflegen. Ihr habt mich weit gebracht. DANKE!

… meinem geliebten Hubertus! Von dir habe ich gelernt, mit dir kann ich über alles reden! Und lustig ist es auch noch mit dir – danke für alles, mein großzügiger, gebildeter und gewissenhafter Freund! Das Beste kommt noch!

… allen Freunden, mit denen ich regelmäßig in Kontakt bin, mich treffe, telefoniere, musiziere und die mein Leben so bereichern! Ihr wisst, wer gemeint ist!

Der letzte Dank geht an meine geliebte Freundin Gaby Köster. Was wir gemeinsam erlebt und aufgeschrieben haben, ist schon unglaublich! Danke, dass ich das alles mit dir erleben und verarbeiten durfte. Du weißt, ich habe wie immer alles gegeben. Danke, du wunderbares Menschenkind!